245

Merve
Verlag

Herausgegeben vom
Zentrum für Kunst und Medientechnologie Karlsruhe

Bruno Latour

Iconoclash
oder
Gibt es eine Welt jenseits des Bilderkrieges?

Aus dem Englischen von Gustav Roßler

Merve Verlag Berlin

Postfach 150 927 10671 Berlin
Printed in Germany
Druck und Bindearbeiten: Dressler, Berlin
Umschlagentwurf: Jochen Stankowski, Dresden
ISBN 3-88396-178-7
www.merve.de

Zum Geleit

Bilderkriege toben überall – von der Zerstörung der Buddha-Statuen durch die Taliban über Zweifel an wissenschaftlichen Bildtechniken bis hin zur Entlarvung manipulativer Mediendarstellungen. Das Ziel der Ausstellung ist aber gerade nicht, die Tendenz zu Skepsis und Ironie zu stärken. sondern den Ikonoklasmus neu zu verstehen. Die Theologie, die Kunst und die Wissenschaft werden gemeinsam betrachtet, um die Krise der Repräsentation systematisch aufzuarbeiten. Die Ausstellung widmet sich den drei großen Streitpunkten der Repräsentation: ihrer Unverzichtbarkeit, ihrer Unverletzlichkeit und ihrer Macht.

Es geht nicht darum, noch einmal jene anzuprangern, die Bilder produzieren, oder sich über Bilderstürmer zu empören. Monotheistische Religionen. die wissenschaftliche Theorie und die zeitgenössische Kunst haben alle mit dem widersprüchlichen Impuls zu kämpfen, Bilder und Embleme herzustellen, aber auch zu zerstören.

Dabei gilt es die einfache Vorstellung vom Bilderkrieg zu überwinden. indem hinter der spektakulären Geschichte der Bilderzerstörung etwas anderes sichtbar gemacht wird: eine ganze Kaskade von Bildschöpfungen, die sich in traditionell christlichen Bildern ebenso wie in wissenschaftlichen Laboratorien oder den vielfältigen Experimenten der zeitgenössischen Kunst Ausdruck verschafft.

Während die großen Schlachten zwischen Bilderstürmern und Bilderverehrern geschlagen wurden, spielte sich stets eine andere Geschichte der westlichen Ikonophilie ab. Diese alternative Geschichte der westlichen Bildobsession gestattet auch weniger vorurteilsbehaftete Vergleiche mit anderen Kulturen, die Bildern eine völlig andere Funktion zubilligen.

Iconoclash ist keine Kunstasustellung, keine Ausstellung über Wissenschaft und Kunst. Statt dessen bietet sie einen faszinierenden Überblick über Versuche, der ikonoklastischen Geste Einhalt zu gebieten und die Beweglichkeit der Bilder gegen jedsn Versuch ihrer Fixierung zu retten.

Der vorliegende Text ist die Übersetzung des leicht veränderten einleitenden Essays in den Ausstellungskatalog: Bruno Latour & Peter Weibel, *Iconoclash – Image-making in Science, Religion and Art*, ZKM Karlsruhe & MIT Press, Cambridge Mass. 2002.

ZKM Karlsruhe, März 2002

Inhalt

Prolog: Ein typischer Icono*clash*

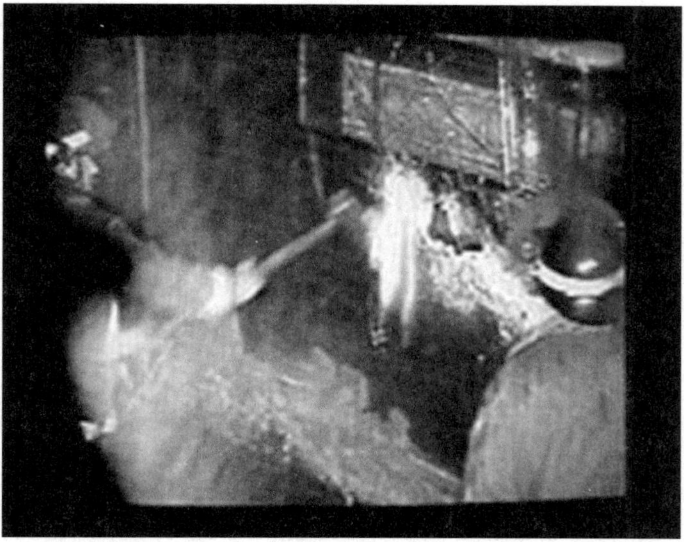

Abb. 1. *Die Vitrine des Grabtuchs von Turin.*

Dieses Bild stammt aus einem Video. Was stellt es dar? Rowdys mit Helmen und roten Jacken zerschlagen mit Äxten eine Scheibe aus verstärktem Glas, die ein wertvolles Kunstwerk schützt. Wie verrückt hacken sie auf das Glas ein, das in alle Richtungen zersplittert, während im Hintergrund die lauten Entsetzensschreie der Menge zu hören sind, die über ihre Aktion empört ist, doch unfähig scheint, die Plünderung zu stoppen. Ein weiterer bedauerlicher Fall von Vandalismus, der von einer Überwachungskamera festgehalten worden ist? Nein: mutige italienische Feuerwehrleute setzen ihr Leben aufs Spiel, als sie vor einigen Jahren in der Kathedrale von Turin das wertvolle Grabtuch vor einem verheerenden Feuer zu schützen versuchen, das auch der Anlaß ist für die Entsetzensschreie der hinter ihnen versammelten, ohnmächtigen Menge. In ihren roten Uniformen und Schutzhelmen versuchen sie den Kasten aus verstärktem Glas zu zerschlagen, der um das ehrwürdige Stück Leinen herumgebaut ist, nicht zum Schutz vor Vandalismus, sondern vor der wahnsinnigen Leidenschaft der Anbeter und Pilger, die es sonst in Stücke gerissen hätten, um an unschätzbare Reliquien zu kommen. So gut ist der Glaskasten mittlerweile gegen Anbeter gesichert, daß er vor dem verheerenden Feuer nicht gerettet werden kann, ohne diesen *scheinbaren* gewalttätigen Akt der Glaszertrümmerung. Bei einem Ikono*klasmus*, einem Bildersturm wissen wir, was im Akt des Zertrümmerns geschieht und was die Motivationen sind für ein klares und deutliches Zerstörungswerk; um Icono*clash* dagegen handelt es sich, wenn wir es nicht wissen, wenn wir zögern, von einer Aktion verstört sind, von der sich ohne weitergehende Untersuchung nicht genau sagen läßt, ob sie destruktiv oder konstruktiv ist. Die Ausstellung handelt von Icono*clash*, nicht Ikono*klasmus*.

Warum lösen Bilder so viel Leidenschaft aus?

»Vollkommen zu Recht betont Freud die Tatsache, daß wir es hier, in Ägypten, mit der ersten monotheistischen Gegenreligion zu tun haben, die die Menschheitsgeschichte kennt. Hier wurde [von Echnaton] zum ersten Mal die *Unterscheidung* getroffen, die den Haß der Ausgegrenzten auf sich zog. Seitdem ist dieser Haß in der Welt und kann nur im Rückgang auf seine Ursprünge überwunden werden.«[1] Kein Zitat könnte besser zusammenfassen, was ich als Ziel von *Iconoclash* verstehe. Was die Kuratoren in der Ausstellung *Iconoclash** vorschlagen, ist eine Archäologie von Haß und Fanatismus.[2]

Denn wir forschen nach dem Ursprung einer absoluten – nicht relativen – Unterscheidung zwischen Wahrheit und Falschheit, zwischen einer reinen Welt, vollständig entleert von künstlichen, von Menschenhand geschaffenen Vermittlungen, und einer widerlichen Welt voller unreiner, künstlicher, doch faszinierender Mittler von Menschenhand. »Könnten wir doch nur«, sagen manche, »*ohne* jegliches Bild auskommen. Um wieviel reiner, besser, schneller erhielten wir dann Zugang zu Gott, Natur, Wahrheit und Wissenschaft.« Worauf andere

1 Jan Assmann, *Moses der Ägypter. Entzifferung einer Gedächtnisspur*, München u. Wien 1998, S. 242 (Hervorhebung von mir).

* Ausstellung Iconoclash am Zentrum für Kunst und Medientechnologie (ZKM) Karlsruhe, 4.5.- 4.8. 2002

2 Zur Genealogie von Fanatikern und anderen *Schwärmern* siehe den faszinierenden Bericht von Dominique Colas, *Le glaive et le fléau: généalogie du fanatisme et de la société civile*, Paris 1992, sowie Olivier Christin. *Une révolution symbolique*, Paris 1991.

Stimmen (manchmal auch dieselben) antworten: »Leider (oder zum Glück) können wir nicht *ohne* Bilder auskommen, nicht ohne Vermittlungen, Mittler in jeglicher Form und Gestalt, denn nur so gewinnen wir Zugang zu Gott, Natur, Wahrheit und Wissenschaft«. Dieses Dilemma wollen wir dokumentieren, ausloten und, vielleicht, überwinden. Um es mit der Formulierung, die Marie-José Mondszain für den Byzantinischen Bilderstreit gefunden hat, kurz zusammenzufassen: »*La vérité est image mais il n'y a pas d'image de la vérité*«: Die Wahrheit ist Bild, doch es gibt kein Bild von der Wahrheit.[3]

Wie ist es dazu gekommen, daß Bilder (und mit Bild meinen wir jede Einschreibung, Abbildung, jedes Zeichen, Kunstwerk, das als Vermittlung dient, um Zugang zu etwas anderem zu gewinnen) in den Brennpunkt von so viel Leidenschaft geraten sind? So sehr, daß ihre Zerstörung, Auslöschung, Verunstaltung als letzter Prüfstein gilt, um die Gültigkeit des eigenen Glaubens, der eigenen Wissenschaft, des eigenen kritischen Scharfsinns, der eigenen künstlerischen Kreativität zu beweisen? So sehr, daß Bilderstürmer zu sein, in Intellektuellenkreisen als höchste Tugend, als höchste Frömmigkeit zu gelten scheint?

3 Siehe ihren Beitrag in Bruno Latour & Peter Weibel, *Iconclash – Image-making in Science Religion and Art*, ZKM Karlsruhe & MIT Press, Cambridge Mass. 2002 (im folgenden zitiert als Latour/Weibel, *Iconoclash*; es handelt sich dabei um den »Ausstellungskatalog«, von dem im Text die Rede ist; die Verweise zu den dort abgedruckten Beiträgen beschränken sich in der Regel auf die Verfassernamen), sowie Marie-José Mondszain, *Image, icône, économie. Les sources byzantines de l'imaginaire contemporain*, Paris 1996.

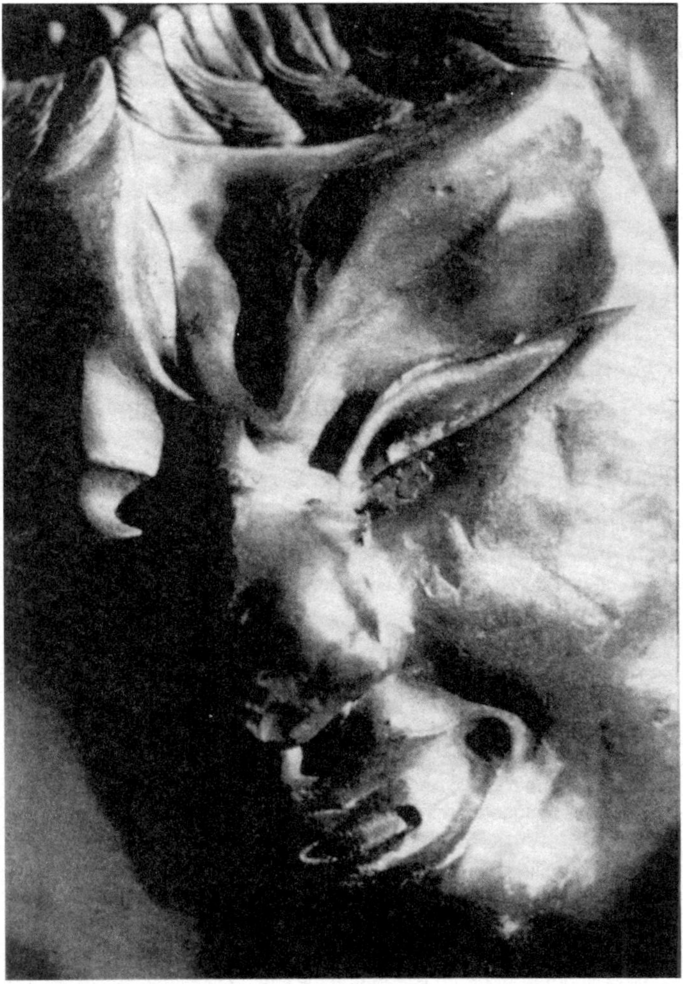

Abb. 2. *Buddhakopf, während der Kulturrevolution zerschmettert.*

Und weiter, wie kommt es, daß alle diese Zerstörer von Bildern, diese »Theoklasten«, Ikonoklasten, »Ideoklasten« gleichzeitig eine derart sagenhafte Menge neuer Bilder, frischer Ikonen, erneuerter Mittler hervorgebracht haben: größere Ströme von Medien, mächtigere *Ideen*, stärkere *Idole*? Als brächte die Verunstaltung eines Objekts unausweichlich neue Gestalten hervor, als gingen Verunstaltung und »Um-Gestaltung« zwangsläufig Hand in Hand.[4] Selbst der kleine Buddhakopf, den uns Heather Stoddard zum Nachdenken anbietet, hat es geschafft, nachdem er von den Roten Garden in der Kulturrevolution zerschmettert worden ist, einen neuen sarkastischen, schmerzerfüllten und zusammenzuckenden Gesichtsausdruck anzunehmen.[5]

Und wie ist zu erklären, daß nach jeder Ikono-*Krise* unendliche Sorgfalt entfaltet wird, um die zerschmetterten Statuen wieder zusammenzusetzen, die Bruchstücke zu bewah-

4 Siehe die Beiträge von Belting und Powers in Latour/Weibel, *Iconoclash*. Mehrere Jahrhunderte, nachdem Farel, der Ikonoklast aus Neuchâtel, Bücher und Statuen der Katholischen Kirche verbrannt und zertrümmert hatte, wurde er selbst durch eine Statue vor der mittlerweile entleerten Kirche geehrt... Siehe Abbildung und Text von Léchot in Latour/Weibel, *Iconoclash*. Die verblüffendsten Fälle der raschen Ersetzung eines Idols durch eine Ikone (oder je nach Gesichtspunkt eines Idols durch ein anderes) werden beschrieben in Serge Gruzinski, *La colonisation de l'imaginaire. Sociétés indigènes et occidentalisation dans le mexique espagnol XVI° XVIII°*, Gallimard, Paris 1988: Während der spanischen Eroberung Mexikos verlangen Priester von anderen Priestern, die Statuen der Jungfrau Maria an genau derselben Stelle aufzustellen, wo die »Idole« zertrümmert am Boden liegen.

5 Siehe Heather Stoddard »Tibet and the Cultural Revolution« in Latour/Weibel, *Iconoclash*.

ren, die Trümmer zu schützen? Als müßte man sich entschuldigen für die Zerstörung von so viel Schönheit, für so viel Schrecken; als wäre man sich plötzlich nicht mehr so sicher über Funktion und Grund einer Zerstörung, die vorher noch so dringlich, so unerläßlich schien; als wäre dem Zerstörer plötzlich klar geworden, daß etwas *anderes* zerstört wurde, aus Versehen, wofür nun Sühne zu leisten ist. Sind Museen nicht Tempel, in denen Opfer dargebracht werden als Entschuldigung für so viel Zerstörung, so als wollten wir plötzlich mit der Zerstörung aufhören und beginnen mit einem unbegrenzten Kult des Bewahrens, Schützens, Reparierens?

Das Ziel unserer Ausstellung läßt sich folgendermaßen umreißen: diese Rumpelkammer heterogener, zerbrochener, reparierter, zusammengeflickter, neu beschriebener Objekte, die wir versammelt haben, soll den Besuchern Gelegenheit geben, über einige Fragen nachzudenken:

- wieso haben Bilder solchen Haß auf sich gezogen?
- weshalb tauchen sie immer wieder auf, ganz gleich wie stark der Wille war, sie loszuwerden?
- warum scheint der Hammer des Ikonoklasten immer *daneben* geschlagen zu haben, etwas *anderes* zerstört zu haben, das nach geschehener Tat äußerst wichtig geworden zu sein scheint?
- wie läßt sich dieser durch die Verehrung des Bilderverbots erzeugte Kreislauf von Faszination, Abstoßung, Destruktion, Sühne *überwinden*?

Eine Ausstellung *über* Ikonoklasmus

Im Unterschied zu vielen ähnlichen Unternehmungen ist dies keine ikonoklastische Ausstellung:[6] sie handelt *vom* Ikonoklasmus. Sie versucht den Drang nach der Zerstörung von Bildern *zu suspendieren.* Sie verlangt von uns, einen Moment innezuhalten, den Hammer ruhen zu lassen. Sie erfleht einen Engel, um unseren Opferarm mit dem Opfermesser, das die Kehle des Opferlamms durchschneiden will, anzuhalten. Sie ist ein Versuch, die Verehrung der Bilderzerstörung zu umkreisen, zu umhüllen, einzubetten; ihr ein Zuhause, eine Stätte, einen Museumsraum, einen Ort für Nachdenklichkeit und Überraschung zu geben. Anstatt den Ikonoklasmus als Metasprache zu betrachten, die als Herrscher über allen anderen Sprachen thront, soll die Verehrung des Bildersturms selbst befragt und

6 Zum Beispiel die Berner und Straßburger Ausstellung 2001: Cécile Dupeux, Peter Jezler et al. (Hrsg.), *Iconoclasme. Vie et mort de l'image médiévale*, Somogy editions d'art, Paris 2001. Die Berner Ausstellung war gänzlich zu Ehren der mutigen Bilderstürmer konzipiert, die die Stadt von der Macht des Bildes befreit hatten, um sie zum überlegenen Symbolismus des Kreuzes zu führen... Das ging bis hin zu einem Schaukasten, in dem Wachsfiguren damit beschäftigt waren, nutzlose Kelche und Reliquienschreine einzuschmelzen, um nützliche Schweizer Goldmünzen daraus zu prägen! Doch im letzten Raum präsentierte sich, freilich ohne die Besucher darauf hinzuweisen, ein schöner Icono*clash*, denn hier waren die dauerhaften Überreste der zerschlagenen Statuen zu sehen, die sich plötzlich wunderbarerweise aus abscheulichen Idolen in fromm aufbewahrte Kunstwerke verwandelt hatten! Die gleiche ikonoklastische *Pietät* war kürzlich in der Louvre-Ausstellung von Régis Michel zu sehen, die den Titel trug: *La peinture comme crime*, Réunions des musées nationaux, Paris 2002

beurteilt werden. Aus einer *Ressource* wird der Ikonoklasmus zu einer *Topik*. Um die Worte von Miguel Tamens wunderbarem Buchtitel aufzunehmen: wir wollen, daß Besucher und Leser »Freunde interpretierbarer Objekte« werden.[7]

In gewisser Weise wird in dieser Ausstellung versucht, eine bestimmte Geste, eine bestimmte *Hand*bewegung zu dokumentieren, herauszustellen, anthropologisch auszuleuchten. Was bedeutet es, wenn es von einer Vermittlung, einer Einschreibung, einer Inskription[8] heißt, sie sei *von Menschenhand geschaffen?*

Von Kunsthistorikern und Theologen wissen wir, daß viele gefeierte und verehrte sakrale Ikonen *acheiropoiete* genannt werden, das heißt *nicht* von Menschenhand geschaffen.[9] Gesichter von Christus, Portraits der Jungfrau Maria, das Schweißtuch der heiligen Veronika – es gibt viele Beispiele für diese Ikonen, die ohne irgendeinen Vermittler vom Himmel gefallen sind. Zeigt man auf, daß ein schlichter menschlicher Maler sie angefertigt hat, so bedeutet dies, ihre Kraft zu schwächen, ihre Herkunft zu beflecken, sie zu entweihen. Dem Bild *die Hand hinzuzufügen*, ist demnach

7 Miguel Tamen, *Friends of Interpretable Objects*, Harvard University Press, Cambridge 2001.

8 Mit Inskriptionen oder Einschreibungen bezeichnet Bruno Latour Transformationen, durch die eine Entität in einem Zeichen, einem Archiv, einem Dokument, einem Papier, einer Spur materialisiert wird. In der Regel, wenn auch nicht immer, sind Inskriptionen zweidimensional, übertagerbar und kombinierbar. Immer sind sie mobil. (A.d.Ü.)

9 Siehe den Beitrag von Koerner, sowie den von Marie-José Mondzain »The Shroud of Turin« in Latour/Weibel, *Iconoclash*.

gleichbedeutend damit, die Bilder zu verderben, zu kritisieren. Das gilt auch von der Religion im allgemeinen. Zu sagen, sie sei von Menschen geschaffen, heißt soviel wie die Transzendenz der Gottheiten für null und nichtig zu erklären, den Anspruch einer Erlösung von oben aufzugeben.

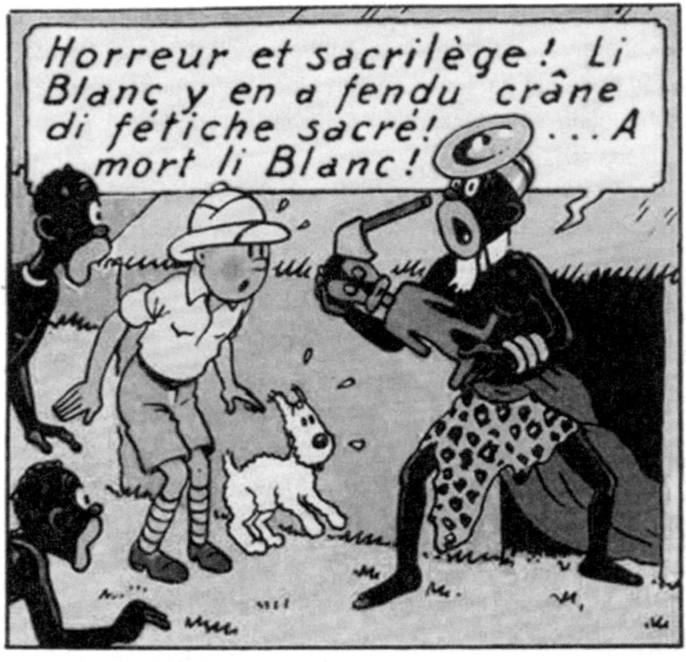

Abb. 3. *Tim im Kongo.*

Allgemeiner gesagt, besteht der kritische Geist darin, überall die *Hände* von Menschen am Werk zu sehen, um die Heiligkeit der Religion, den Glauben an Fetische, die Verehrung vom Himmel gesandter transzendenter Ikonen, die Stärke von Ideologien niederzumachen. Je mehr demonstriert werden kann, daß Menschen am Bild gearbeitet haben, desto schwächer sein Wahrheitsanspruch (siehe Tintin als prototypisches Beispiel). Seit der Antike sind die Kritiker nie müde geworden, die verschlagenen Machenschaften von Menschen zu denunzieren, die andere zum Glauben an nicht-existierende Fetische bringen wollen. Der Trick, den Trick aufzudecken, besteht immer darin, den ordinären Ursprung des Werks aufzuzeigen, den hinter den Kulissen auf frischer Tat ertappten *Mani*pulator, Heuchler, Betrüger.

Bei der Wissenschaft ist es das gleiche. Auch hier gilt Objektivität als *acheiropoiete*, als nicht von Menschenhand geschaffen. Wenn man die Hand zeigt, die in der menschlichen Textur der Wissenschaft am Werk ist, so wird man angeklagt, die Heiligkeit der Objektivität zu beschmutzen, ihre Transzendenz zu zerstören, jeden Wahrheitsanspruch zu verunmöglichen, an die womöglich einzige Quelle der Aufklärung Hand zu legen. Wer hinter oder unter den Bildern, die wissenschaftliche Objektivität hervorbringen, Menschen am Werk sieht – die Wissenschaftler in ihrem Laboratorium –, wird als Bilderstürmer betrachtet. In diesem paradoxen Icono*clash* bin auch ich gefangen gewesen: eine neue *Wertschätzung* für die Bilder der Wissenschaft gilt als *Zerstörung* der Wissenschaft. Sie gegen die Anklage des Hergestelltseins zu verteidigen, das Etikett der "sozialen Konstruktion" zu umgehen, scheint nur möglich zu sein, indem man darauf besteht, daß keine menschliche Hand je das Bild berührt hat, das sie schuf.[10] Wenn so in Religion und Wissenschaft die Hand, die am Werk ist, gezeigt wird, so gilt sie stets als eine Hand mit Hammer oder Brandsatz: stets als kritische, zerstörerische Hand.

Wie aber, wenn Hände tatsächlich unerläßlich wären, um Wahrheit zu erreichen, Objektivität hervorzubringen, Gottheiten zu fabrizieren? Was würde geschehen, wenn durch die Aussage, ein Bild sei von Menschenhand geschaffen, man seinen Wahrheitsanspruch *erhöhte*, anstatt ihn herabzusetzen? Dann wäre die kritische Stimmung am Ende, wäre Schluß mit dem Anti-Fetischismus. Dann könnten wir sagen – entgegen dem kritischen Drang – daß je mehr Menschen am Werk gezeigt werden, desto *besser* ihr Begreifen von Realität, Heiligkeit, Verehrung. Daß je mehr Bilder, Vermittlungen, Vermittler, Ikonen vervielfacht und offen fabriziert, explizit und öffentlich konstruiert werden, wir umso mehr Respekt für ihr Vermögen haben, Wahrheit und Heiligkeit zu bewillkommnen, zu versammeln, zu sammeln (*religere* ist eine der Etymologien für das Wort Religion). Wie Mick Taussig so wunderbar gezeigt hat: je mehr während dem Initiationsritus die *Tricks* aufgedeckt werden, die erforderlich sind, um die Götter zur Zeremonie einzuladen, desto stärker die Gewißheit, daß die Gottheiten anwesend sind.[11] Weit davon entfernt, den Zugang zu tran-

10 Lorraine Daston, Peter Galison, *The Image of Objectivity, Representation* (40), 2001, S. 81-128; siehe auch Galisons Beitrag in Caroline A. Jones und Peter Galison (Hrsg.), *Picturing Science, Producing Art,* Routledge, New York 1998.

11 Michael Taussig, *Defacement. Public Secrecy and the Labor of the Negative*, Stanford University Press, Stanford 1999.

szendenten Wesen zu ruinieren, verstärkt vielmehr das Offenlegen der menschlichen Mühe und Tricks die Qualität dieses Zugangs.

So können wir Icono*clash* definieren als das, was eintritt, wenn *Ungewißheit* über die genaue Rolle der Hand besteht, die bei der Produktion eines Mittlers am Werk ist: Ist es eine Hand mit einem Hammer, die im Begriff ist, zu denunzieren, zu entlarven, aufzudecken, bloßzustellen, zu enttäuschen, zu entzaubern, Illusionen aufzulösen, Luft rauszulassen? Oder ist es im Gegenteil eine achtsame und vorsichtige Hand, mit offener Handfläche, wie um Wahrheit und Heiligkeit zu ergreifen, herauszuholen, hervorzulocken, in Empfang zu nehmen, hervorzubringen, aufzunehmen, aufrechtzuerhalten, zu sammeln?

Aber dann läßt sich nicht länger das zweite Gebot befolgen: »Du sollst dir kein Bildnis machen in irgendeiner Gestalt, weder von dem, was oben im Himmel, noch von dem, was unten auf Erden, noch von dem, was im Wasser unter der Erde ist.« Um die Absicht und Spannung dieser Ausstellung, wie wir sie uns während der letzten vier Jahre vorgestellt haben, ist nicht lange herumzureden: sie dreht sich um das zweite Gebot. Haben wir es wirklich richtig verstanden? Sind wir nicht einem langen und schrecklichen Irrtum erlegen? Wie läßt sich die Forderung nach einer an-ikonischen Gesellschaft, Religion und Wissenschaft mit der fabelhaften Vermehrung von Bildern vereinen, die unsere Kulturen voller Medien kennzeichnet?

Wenn Bilder so gefährlich sind, wieso haben wir dann so viele von ihnen? Wenn sie unschuldig sind, warum lösen sie dann so viele und so anhaltende Leidenschaften aus? Das ist das Rätsel, Zögern, visuelle Puzzle, kurz der Icono*clash*, den wir vor den Augen des Lesers und Ausstellungsbesuchers entfalten wollen.

Religion, Wissenschaft und Kunst: drei verschiedene Muster, Bilder zu machen

Das Experiment, das wir entworfen haben, führt drei Quellen von Icono*clashs* zusammen: Religion, Wissenschaft und zeitgenössische Kunst. In der durch dieses Dreieck erzeugten Spannung wollen wir die vielen Werke, Stätten, Ereignisse und Beispiele verorten, die im Katalog und in der Ausstellung präsentiert werden.

Auch wenn in *Iconoclash* viel religiöses Material versammelt ist, ist es keine theologische Pilgerfahrt, auch wenn zahlreiche wissenschaftliche Einschreibungen dargeboten werden, ist es kein pädagogisches Wissenschaftsmuseum, und obwohl sehr viele Kunstwerke versammelt sind, ist es *keine* Kunstausstellung. Nur weil jeder von uns, Besucher, Kuratoren und Leser, ein so unterschiedliches Muster von Glauben, Wut, Enthusiasmus, Bewunderung, Scheu, Faszination, Verdacht und Bosheit gegenüber *jedem dieser drei* Bildertypen hegt, lassen wir sie aufeinander einwirken. Uns interessiert das noch komplexere Muster, das durch ihre *Interferenz* entsteht.

Ikonen und Idole

Doch wieso haben wir so viele religiöse Ikonen in die Ausstellung gebracht? Sind sie nicht durch ästhetisches Urteil ihrer Bedeutung entleert, von der Kunstgeschichte absorbiert, von konventioneller Frömmigkeit in Routine verwandelt worden, so daß sie für immer tot sind? Im Gegenteil, man braucht nur an die Reaktionen zu denken, die von der Zerstörung der Buddha-Statuen von Bamijian durch die Taliban ausgelöst wurden, um zu erkennen, daß bis in unsere Tage hinein religiöse Bilder immer noch die heftigsten Leidenschaften hervorrufen.[12] Von Echnatons »Theoklast« an ist das Zerstören von Klöstern, Kirchen, Moscheen, das Verbrennen von Fetischen und Idolen in riesigen Freudenfeuern, das Praktizieren irgendeines Autodafés immer noch eine fast tägliche Beschäftigung für große Massen in der Welt, genau wie in der Zeit der, wie Assrnann es nennt, »Mosaischen Unterscheidung«. »Ihr müßt ihre Altäre zerstören, die heiligen Steinmale zerschlagen und die geweihten Pfähle umhauen« (Exodus, 34, 13): die Anweisung, die Idole niederzubrennen, ist so unterirdisch, so brennend, so heftig, so gegenwärtig, wie die stets bedrohliche Lava am Ätna. Selbst im eher komischen Fall der Zerstörung des »Mandaroms«, einer scheußlichen gigantischen Statue, die von einer Sekte im Süden Frankreichs errichtet worden war und deren Abriß letzten Sommer von den Gläubigen mit dem Ende der Afghanischen Buddhas verglichen wurde...

Und im Zerschlagen von Idolen tun sich natürlich keineswegs nur religiöse Geister hervor. Welche Kritikerin glaubt nicht, ihre höchste Pflicht, ihr wichtigstes Engagement bestehe darin, Totempfähle zu zerstören. Ideologien zu entlarven, Götzenanbeter eines Besseren zu belehren? Wie schon des öfteren

12 Siehe die Beiträge von Centlivres, Frodon, Clement in Latour/Weibel, *Iconoclash*, sowie Pierre Centlivres, *Les Boudhas d'Afghanistan*, Favre, Lausanne 2001.

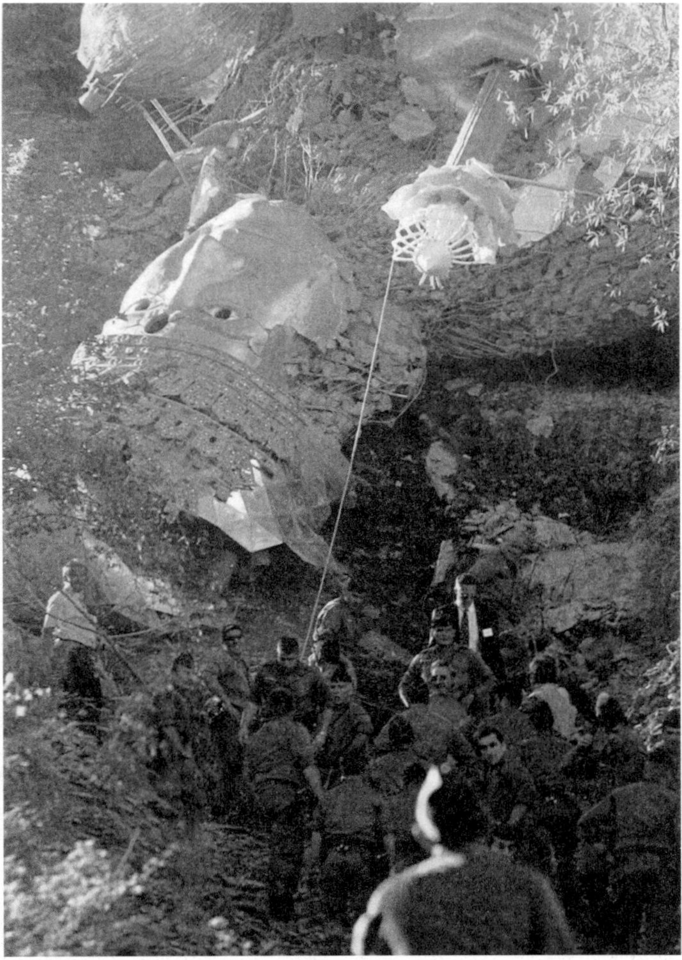

Abb. 4. *Castellane (France), 6. September2001. Polizisten zerstören das ohne Baugenehmigung errichtete Bildnis des Gurus der Mandaronsekte.*

bemerkt worden ist, stammten nahezu alle, die über die vandalistische Geste der Taliban empört waren, von Ahnen ab, die die kostbarsten Ikonen anderer Menschen in Stücke geschlagen hatten – oder sie selbst hatten sich an irgendeiner Großtat der Dekonstruktion beteiligt.

Was ist am gewalttätigsten gewesen? Der religiöse Drang, Götzen, Idole zu zerschlagen, um die Menschheit zum richtigen Kult des wahren Gottes zu bringen, oder der antireligiöse Drang, die heiligen Ikonen zu zerstören und die Menschheit zur Vernunft zu bringen? In der Tat ein Icono*clash*, denn niemand weiß sich hier zu entscheiden: können die Idole ganz ohne Folgen zerschlagen werden, da sie *nichts* sind (»es sind bloß Steine« sagte Mullah Omar[13] in der gleichen Art, wie die Byzantinischen und später Lutherischen Bilderstürmer argumentierten), oder sind sie so *mächtig*, so unheilvoll, daß sie zerstört werden müssen (»wenn sie so nichtig sind, warum befaßt ihr euch dann überhaupt mit ihnen?« »Dein Götze ist meine Ikone«).

Wissenschaftliche Inskriptionen

Warum dann aber wissenschaftliche Bilder? Gewiß liefern sie kalte, unvermittelte objektive Repräsentationen der Welt und

13 »Entweder sind diese Statuen mit Götzenglauben verbunden, kommentierte der Mullah, oder es handelt sich bei ihnen um bloße Steine; im ersten Fall gebietet der Islam ihre Zerstörung, im zweiten macht es nichts, wenn sie zerstört werden.« Centlivres. Lausanne 2001, S. 141.

können daher nicht die gleiche Leidenschaft und Raserei auslösen wie religiöse Bilder. Im Gegensatz zu diesen beschreiben sie bloß die Welt in einer Weise, die sich als wahr oder falsch beweisen läßt. Gerade weil sie kalt, frisch sind, weil sie verifiziert werden können und weitgehend unbestritten sind, sind sie Gegenstand einer seltenen und beinahe universellen Übereinstimmung. Daher ist das Muster von Vertrauen, Glauben, Ablehnung und Haß bei ihnen ein völlig anderes als das von Idolen/Ikonen erzeugte. Daher gibt es so viele von ihnen hier und, wie wir sehen werden, gibt es bei ihnen andere Formen von Icono*clashs*.

Zunächst einmal gelten sie den meisten nicht einmal als Bilder, sondern als die Welt selbst. Über sie gäbe es demnach nichts zu sagen, außer ihre Botschaft herauszufinden. Sie als Bild, Inskription, Repräsentation zu bezeichnen, sie Seite an Seite mit religiösen Ikonen auszustellen, wäre bereits eine ikonoklastische Geste. »Wenn sie bloße Repräsentationen von Galaxien, Atomen, Licht, Genen sind«, könnte jemand entrüstet sagen, »dann sind sie nicht wirklich, sondern hergestellt worden«. Und doch wird immer klarer, daß ohne riesige und kostspielige Instrumente, ohne große Wissenschaftlergruppen, gewaltige Geldbeträge, lange Ausbildungen in diesen Bildern nichts sichtbar wäre. Gerade weil es so viele Vermittlungen gibt, sind sie in der Lage, so objektiv wahr zu sein.

Hier ereignet sich ein anderer Icono*clash*, genau entgegengesetzt dem bei der Verehrung der religiösen Bilderzerstörung: je mehr Instrumente, je mehr Vermittlung, desto

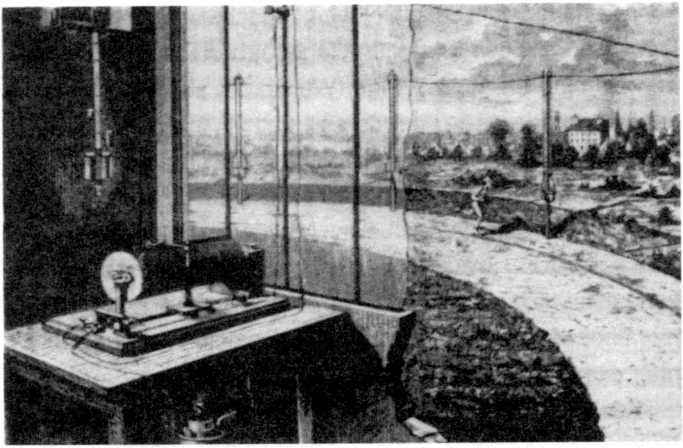

Abb. 5. *Experimentalstation aus Étienne Jules Marey, La Méthode graphique dans les sciences expérimentales.*

besser das Begreifen der Realität.[14] Auf diesen Bereich ist das zweite Gebot nun wirklich nicht anwendbar, denn er wird beherrscht von jenen, die Objekte, Landkarten, Diagramme entwerfen, um alles abzubilden, »was oben im Himmel ist, unten auf Erden oder im Wasser unter der Erde«. So könnte uns das Muster der Interferenz zwischen den verschiedenen Bildertypen ermöglichen, unser Verständnis des Bildermachens aufzufrischen: je mehr von Menschenhand geschaffene Bilder erzeugt werden, desto mehr Objektivität wird gesammelt. In der Wissenschaft gibt es nichts dergleichen wie »bloße Repräsentation«.

14 Siehe den Beitrag von Simon Schaffer in Latour/Weibel, *Iconoclash.*

Aber warum dann religiöse und wissenschaftliche Vermittlungen mit zeitgenössischer Kunst verknüpfen? Weil hier zumindest außer Frage steht, daß Gemälde, Installationen, Happenings, Events und Museen von *Menschen*hand geschaffen sind. Die Hand, die am Werk ist, ist überall sichtbar. Von diesem Malstrom aus Kunstbewegungen, Künstlern, Promotern, Käufern und Verkäufern, Kritikern und Dissidenten ist keine Ikone zu erwarten, die als *acheiropoiete* gilt. Im Gegenteil, hier sind die extremsten Ansprüche erhoben worden auf eine individuelle, vom Menschen ausgehende Kreativität. Kein Zugang zu Wahrheit oder Gottheiten. Nieder mit der Transzendenz!

Nirgendwo sonst als in der zeitgenössischen Kunst ist ein so gewaltiges Laboratorium aufgebaut worden, um den Widerstand jedes einzelnen Postens auszuprobieren und zu testen, aus dem sich der Kult des Bildes, des Gemäldes, der Schönheit, der Medien, des Genies zusammensetzt. Nirgendwo sonst sind so viele paradoxe Effekte mit dem Publikum ausprobiert worden, um seine Reaktionen auf Bilder zu komplizieren.[15] Nirgendwo sonst so viele Anordnungen erfunden worden, um den naiven Blick und das »Blickregime« des *amateur d'art* zu verzögern, zu verändern, zu stören oder loszuwerden. Gegen alles und jedes wurde hier experimentiert und es in Stücke geschlagen, angefangen bei mimetischer Repräsentation über das Bildermachen, über Leinwand, Farbe oder Kunstwerk bis

15 Siehe die Beiträge von Gamboni, Heinich in Latour/Weibel, *Iconoclash*.

hin zur Künstlerin selbst, ihrer Signatur, der Rolle der Museen, Kunstförderer, Kritiker – nicht zu vergessen die bis zum Äußersten lächerlich gemachten Philister.

Jeder und jedes Detail dessen, was Kunst ist, was eine Ikone, ein Idol, eine Ansicht, ein Blick ist, wurde im letzten Jahrhundert der, wie es hieß, modernen Kunst, in den Topf geworfen, um gekocht und verbrannt zu werden.[16] Ein jüngstes Gericht hat stattgefunden: *alle unsere Wege, irgendeine Form von Darstellung zu produzieren* sind für ungenügend befunden worden. Generationen von Bilderstürmern, die einander Ansehen und Werke zerschlugen. Ein in großem Maßstab durchgeführtes sagenhaftes Experiment in Nihilismus. Eine irrwitzige Freude an der Selbstzerstörung. Ein vergnügtes Sakrileg. Eine Art von verheerendem an-ikonischem Inferno.

Und doch gibt es natürlich auch hier, wie nicht anders zu erwarten, einen weiteren Icono*clash*: so viel Verunstaltung und gleichzeitig so viel »Um-Gestaltung«. Aus dem obsessiven Experiment, die Macht traditionellen Bildermachens zu umgehen, ist eine fabelhafte Quelle *neuer* Bilder, *neuer* Medien, *neuer* Kunstwerke geworden: *neue* Anordnungen, um die neuen Möglichkeiten des Sehens zu vervielfachen. Je mehr die Kunst zu einem Synonym für die Zerstörung von Kunst geworden ist, desto mehr Kunst wurde produziert, bewertet, besprochen, gekauft und verkauft und, ja auch, verehrt. Es wurden neue Bilder produziert, so mächtig, daß es unmöglich ist,

16 Siehe zum Beispiel das wunderbare Buch von Tim J. Clark, *Farewell to an Idea: Episodes from a History of Modernism*, Yale University Press, New Haven 1999

sie zu kaufen, zu berühren, zu verbrennen, zu reparieren, ja zu transportieren. Und so sind noch mehr Icono*clashs* erzeugt worden... Eine Art von »schöpferischer Zerstörung«, die Schumpeter nicht vorhergesehen hat.

Umverteilung von Vertrauen und Scheu gegenüber dem Bild

So haben wir drei verschiedene Muster von Bilderverwerfung und Bilderkonstruktion, von Bildervertrauen und Bilderscheu versammelt. Wir würden sagen, daß wir durch die Interferenz zwischen ihnen über die Bilderkriege, über den *Bildersturm*[17] hinaus gelangen sollten.

Religiöse Bilder haben wir also nicht deshalb in eine Avantgarde-Einrichtung zeitgenössischer Kunst gebracht, um sie ein weiteres Mal der Ironie oder Zerstörung auszusetzen, noch um sie ein weiteres Mal zur Anbetung darzubieten. Wir haben sie hierher gebracht, damit sie mit den wissenschaftlichen Bildern in eine Resonanz treten und deutlich wird, auf welche Weise sie wirkungsvoll sind und welche Art von *Unsichtbarkeit* beide Bildertypen jeweils zu produzieren vermochten.

Wissenschaftliche Bilder haben wir nicht deshalb hierher gebracht, um das Publikum irgendwie pädagogisch zu belehren oder aufzuklären, sondern um zu zeigen, wie sie erzeugt werden und wie sie sich miteinander verbinden, welcher Art

17 dt. im Original (A.d.Ü.).

von Ikonoklasmus sie ausgesetzt waren, welchen besonderen Typus von unsichtbarer Welt sie erzeugen.

Und die zeitgenössischen Kunstwerke werden nicht deshalb hier gezeigt, um eine Kunstausstellung zu bilden, sondern um Schlüsse aus diesem riesigen Laboratorium und Experiment zu ziehen, das um Grenzen und Tugenden der Repräsentation geht, ein Experiment, das in so vielen Medien und in so vielen mutigen innovativen Unternehmungen durchgeführt worden ist.

Tatsächlich versuchen wir für die jüngere ikonoklastische Kunst eine Art *Idolkammer* aufzubauen, ähnlich den von den protestantischen Bilderschändern angelegten, als sie die Bilder dem Kult entzogen und in Objekte des Abscheus und der Lächerlichkeit verwandelten, *bevor* diese dann zum ersten Kern von Kunstmuseum und ästhetischer Wertschätzung wurden. Gewiß eine kleine überraschende Wendung, und mehr als nur kleine, jedoch durchaus willkommene Ironie der Geschichte.

Die üblichen Muster von Respekt, Staunen, Scheu, Verehrung und Vertrauen, durch die sich religiöse, wissenschaftliche und künstlerische Vermittlungen gewöhnlich unterscheiden, sollten in dieser Ausstellung mehr als nur geringfügig umverteilt werden.

Welche Objekte audwählen?

Wie inzwischen deutlich geworden sein sollte, handelt es sich bei *Iconoclash* weder um eine Kunstausstellung noch um ein philosophisches Argument, sondern um ein Kuriositäterikabinett, zusammengestellt von »Freunden interpretierbarer Objekte«, mit der Absicht, den Ursprung von Fanatismus, Haß und Nihilismus auszuloten, die von der Bilderfrage in der abendländischen Tradition ausgelöst worden sind. Kein kleines Projekt, wenn überhaupt ein denkbares! Da jedoch die Kuratoren dieser Ausstellung nicht vollkommen verrückt sind, haben wir nicht versucht, die ganze Frage der Bilderverehrung und -zerstörung von Echnaton bis *911* abzuhandeln. Unser Unternehmen versteht sich nicht als enzyklopädisch. Sehr selektiv haben wir nur jene Stätten, Objekte und Situationen ausgesucht, in denen sich ein Icono*clash* zeigt, eine Ambiguität, ein Zögern, wie jeweils Bilderschöpfung und Bildervernichtung zu interpretieren sei.

Jeder der Kuratoren hat ein anderes Auswahlprinzip, das sie im Ausstellungskatalog darstellen. Ich will hier nur meines so klar wie möglich formulieren: ich interessierte mich dafür, den Geisteszustand derjenigen darzustellen, die Fetische – oder »*Faitiches*«, wie ich sie lieber nenne[18] – zertrümmert

18 Bruno Latour, *Petite réflexion sur le culte moderne des dieux Faitiches*, Les Empêcheurs de penser en rond, Paris 1996; ders., »How to be Iconophilic in Art, Science and Religion?«, in Jones/Galison, *Picturing Science*, S. 418-440; ders., *Die Hoffnung der Pandora. Untersuchungen zur Wirklichkeit der Wissenschaft*, Frankfurt 2000, Kapitel 9. (Zu dem unübersetz-

haben und in das eingetreten sind, was Assmann »Gegenreligion« nennt.

Ein unmögliches Double Bind

Wie können sie es aushalten, mit den Bruchstücken von etwas zu leben, das bevor sie daherkamen, der einzige Weg war, um Gottheiten hervorzubringen, zu sammeln, willkommen zu heißen? Wie bestürzt müßten sie sein, wenn sie ihre Hände betrachten, die nicht länger fähig sind, die Aufgaben zu erfüllen, die von ihnen seit Äonen erledigt werden konnten, nämlich eifrig zu schaffen und gleichwohl Objekte hervorzubringen, die nicht ihr eigenes Werk sind? Sie müssen nun zwischen zwei widersprüchlichen Forderungen wählen: habt ihr dies mit euren eigenen Händen geschaffen? In diesem Fall ist es wertlos. Oder ist dies objektiv, wahr, transzendent? In diesem Fall könnt ihr es unmöglich geschaffen haben. Entweder schafft Gott alles, und die Menschen nichts, oder die Menschen haben die ganze Arbeit zu erledigen, und Gott ist nichts. Zu viel oder zu wenig, wenn die Fetische weg sind.

baren *Faitiche* – im Engl. *factish* – heißt es dort: »Fetischismus ist eine Anklage, die von einem Denunzianten vorgebracht wird; mit ihr wird unterstellt, daß Glaubensvorstellungen und Wünsche von Gläubigen auf ein bedeutungsloses Objekt projiziert werden. *Faitiches* sind dagegen Handlungstypen, die sich nicht in die erzwungene Alternative zwischen Fakt und Glauben hineinpressen lassen. Der Neologismus *Faitiche* ist eine Kombination aus Fakt (*fait*) und Fetisch (*fétiche*) und stellt klar, daß beiden ein Element der Fabrikation gemeinsam ist« (ebd. S. 374).

Selbstverständlich müssen Fetische geschaffen werden. Menschliche Hände können nicht damit aufhören, sich zu mühen, Bilder, Bildnisse und Einschreibungen aller Art zu produzieren, Objektivität, Schönheit und Gottheiten zu erzeugen, willkommen zu heißen, zu sammeln, genau wie in den mittlerweile verbotenen, unterdrückten, verdeckten alten Tagen. Wie könnte man nicht zum Fanatiker werden, wenn Götter, Wahrheiten und Heiligkeit geschaffen werden müssen, es jedoch nicht länger einen *legitimen* Weg gibt, dies zu tun? Meine durchgängige Frage für die Ausstellung lautet: wie können wir mit diesem Double Bind leben, ohne wahnsinnig zu werden? Sind wir wahnsinnig geworden? Gibt es ein Heilmittel gegen diese Tollheit?

Betrachten wir für einen Moment die durch das Double Bind geschaffene Spannung; sie dürfte vieles von der Archäologie des Fanatismus erklären. Der Idolzertrümmerer, der Mittlerzerbrecher bleibt zurück mit zwei polaren Gegensätzen: entweder er (ich denke, es ist fair, ihn ins Maskulinum zu setzen) beherrscht seine Hände vollständig, doch dann ist das von ihm Produzierte »nur« die »bloße« Folge seiner eigenen Kraft und Schwäche, in Materie projiziert, denn er ist unfähig, mehr Output zu produzieren, als er Input hat; in diesem Fall hat er keine andere Möglichkeit, als zwischen Hybris und Verzweiflung zu wechseln, je nachdem ob er Nachdruck legt auf seine unendliche kreative Macht oder seine lächerlich begrenzten Kräfte.

Oder aber er ist in der Hand einer transzendenten, nicht geschaffenen Gottheit, die ihn aus nichts geschaffen hat und Wahrheit und Heiligkeit auf acheiropoietische Weise hervorbringt. Doch genauso wie er, der menschliche Hersteller, zwischen Hybris und Verzweiflung wechselt, wird auch Er, der Schöpfer, abrupt zwischen Allmacht und Nicht-Sein wechseln, je nachdem ob Seine Gegenwart gezeigt und Seine Wirkmächtigkeit bewiesen werden kann. Was üblicherweise synonym war: »Ich schaffe«, »Ich beherrsche nicht, was ich schaffe«, ist zu einem radikalen Widerspruch geworden: »Entweder du schaffst oder du wirst geschaffen«.[19]

Dieses brutale Wechseln zwischen dem Kommando als mächtiger (machtloser) menschlicher Schöpfer oder sich in der Hand eines allmächtigen (machtlosen) Schöpfers zu befinden, ist schon schlimm genug, doch schlimmer noch – und das verfestigt das Double Bind und treibt den Menschen in der Zwangsjacke völlig zum Wahnsinn: es gibt keine Möglichkeit, die Vermehrung der Mittler, Inskriptionen, Objekte, Ikonen, Idole, Bildnisse, Bilder und Zeichen zu stoppen, trotz ihres Verbots. Ganz gleich wie unnachgiebig man die Fetische zerschlägt und sich selbst jede Bilderverehrung verbietet, es werden Tempel gebaut und Opfer dargebracht werden, Instrumente werden eingesetzt, Schriften sorgfältig niedergeschrieben, Manuskripte kopiert, Weihrauch verbrannt werden und Tausende von Gesten erfunden werden, um Wahrheit, Objektivität und Heiligkeit wieder zu sammeln.[20]

19 Vgl. La Fontaine, Der Bildhauer und die Bildsäule des Jupiter, IX,6. Hier ist der Bildhauer so überrascht von seiner eigenen Schöpfung, daß er mit Verwirrung auf das Auftauchen des Kunstwerks reagiert.

20 Siehe John Tresch über den bemerkenswerten Fall des Philosophen Francis Bacon, Moshe Halberthal über den traurigen Fall des Jerusalemer

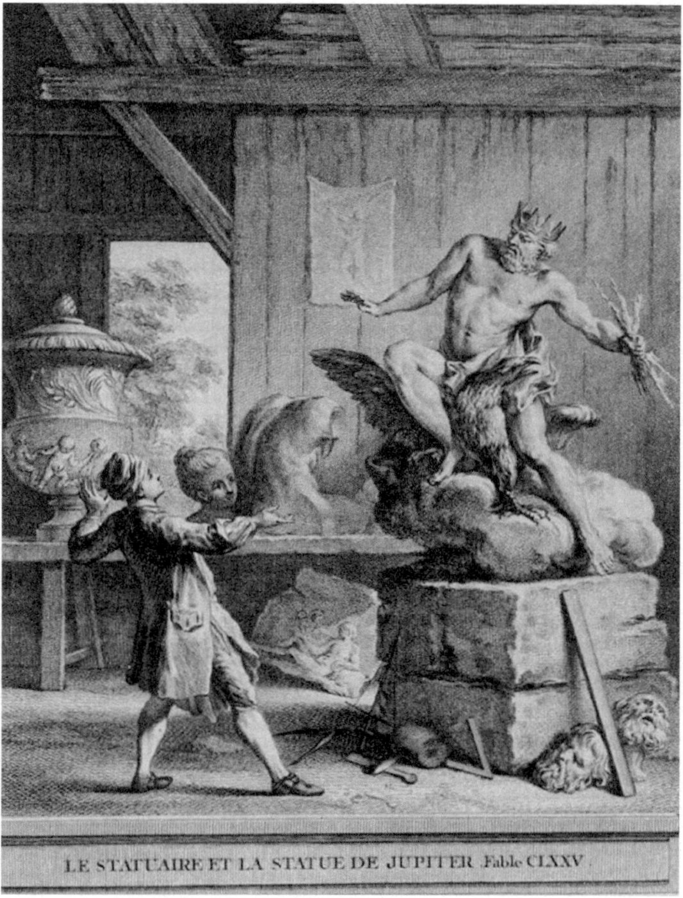

Abb. 6. *Stich von J.B. Oudry In: Jean de La Fontaine, Fables Choisies, Paris 1756.*

Können wir das Elend ermessen, das jene zu erdulden haben, die Bilder produzieren müssen und denen es untersagt ist, zu bekennen, daß sie sie anfertigen? Schlimmer noch, entweder werden sie sagen müssen, daß der Demiurg alle Arbeit erledigt, daß er die heiligen Schriften *unmittelbar* selber schreibt, die Rituale erfindet, das Gesetz befiehlt, die Menge versammelt, oder aber wir werden gezwungen sein, wenn das Werk der Gläubigen aufgedeckt wird, diese Texte zu denunzieren als »bloße« Fabrikationen, diese Rituale als Scheingebilde, das Schaffen der Gläubigen als ein bloßes Erfinden, ihre Konstruktionen als Heuchelei, ihre Objektivität als sozial konstruiert und ihre Gesetze als nur menschlich, allzumenschlich.[21]

So wird der Idolzertrümmerer doppelt wahnsinnig: nicht nur hat er sich selbst des Geheimnisses beraubt, transzendente Objekte hervorzubringen, sondern er fährt damit fort, sie zu

Tempels in Latour/Weibel, *Iconoclash.* Das zweite Gebot ist umso furchtbarer, als es keinen Weg gibt, ihm zu gehorchen. Um vorzugeben, ihm nachzukommen, kann man nur das Werk der eigenen Hände *verneinen*, kann nur das im Schaffen, Verfertigen, Konstruieren, Produzieren von Bildern stets präsente Handeln *unterdrücken*, die Schrift zur gleichen Zeit *ausradieren*, wo man sie schreibt, die Hände, während sie am Herstellen sind, *schlagen*. Doch ohne Hand, was kann man da tun? Ohne Bild, zu welcher Wahrheit hat man da Zugang? Ohne Instrument, welche Wissenschaft wird einen da unterrichten?

21 Siehe Jean-François Clément, »L'image dans le monde arabe: interdits et possibilités« in *L'image dans le monde arabe*, G. Beaugé, J.-F. Clément (Hrsg.), Editions du CNRS, Paris 1995, S. 11-42. Für eine sorgfältige Untersuchung der »Eifersucht« Gottes, des Schöpfers, gegenüber dem Künstler, und der ständigen Möglichkeit des Atheismus in der manischen Verwerfung von Idolen siehe Latour/Weibel, *Iconoclash*.

produzieren, obwohl diese Produktion absolut verboten ist und es keine Möglichkeit gibt, sie zur Kenntnis zu nehmen. Nicht nur schwankt er zwischen unendlicher Macht und unendlicher Schwäche, unendlicher schöpferischer Freiheit und unendlicher Abhängigkeit in der Hand seines Schöpfers, sondern ständig wechselt er zwischen der Leugnung der Mittler und ihrer notwendigen Präsenz. Genug, um darüber wahnsinnig zu werden. In jedem Fall genug, um mehr als nur einen Icono*clash* zu produzieren.

Um einen ähnlichen Wahnsinn zu erklären, – die Erfindung von »Gegenreligion« – hat Freud, in seinem befremdlichen Albtraum über Moses eine äußerst bizarre Legende vorgebracht: die Ermordung des selbstsüchtigen, übermächtigen Vaters durch die primitive Horde seiner eifersüchtigen Söhne.[22] Doch die Tradition bietet eine andere, aufschlußreichere Legende an, in der nicht der Vater getötet, sondern der *Lebensunterhalt* des Vaters von seinem übereifrigen Sohn in Stücke geschlagen wird.[23]

Von Abraham heißt es, daß er im Alter von sechs Jahren den Gottesbild-Laden seines Vaters Terach zerstörte, den dieser ihm zeitweilig anvertraut hatte. Welch ein guter Icono*clash!* Bis heute versteht niemand die zweideutige Antwort des Vaters auf die Frage des Sohnes: Warum hört dein Ohr nicht auf

22 Sigmund Freud. *Der Mann Moses und die monotheistische Religion: Drei Abhandlungen*, in: Studienausgabe Bd. IX, Frankfurt a. M. 1974.
23 Der Unterschied zwischen den beiden Formen von Mord könnte einige der merkwürdigen visuellen Merkmale von Freuds Kabinett erklären. Siehe den Beitrag von Marinelli in Latour/Weibel, *Iconoclash*, sowie in dem von Andreas Mayer die Ausführungen zu den »psychische Objekten«.

Exkurs 1

Rabbi Hiya, der Sohn von Rabbi Ada sagte, daß Terach [Abrahams Vater] ein Götzenanbeter war. Eines Tages mußte er seinen Laden verlassen [in dem er Idole verkaufte]. Er vertraute Abraham den Laden während seiner Abwesenheit an. Ein Mann kam und wollte ein Idol kaufen. Abraham fragte ihn: »Wie alt bist du?« Und dieser antwortete: »Fünfzig oder sechzig Jahre alt«. Daraufhin sagte Abraham: »Bemitleidenswert ist der Mann, der sechzig ist und Idole verehrt, die nur einen Tag alt sind«. Verlegen verließ der Mann den Laden. Einmal kam eine Frau mit einer Opfergabe von feinem Mehl. Sie sagte zu ihm [Abraham]: »Hier, nimm es und bringe es vor [die Idole]« Abraham stand auf, nahm einen Stock, zerschlug all die Idole und stellte den Stock in die Hände des größten unter ihnen. Als sein Vater zurückkehrte, fragte er: »Wer hat ihnen dies angetan?« Abraham antwortete: »Ich will dir die Wahrheit nicht verhehlen. Eine Frau kam mit einer Opfergabe von feinem Mehl und bat mich, es vor sie [die Idole] zu bringen. So brachte ich es vor sie, und jeder sagte: »Ich will als erster essen«. Dann stand der größte unter ihnen auf, nahm einen Stock in die Hand und zerschlug sie alle«. Da sagte Terach zu ihm: »Warum verspottest du mich? Wissen diese [Idole] irgendetwas [zu sprechen und zu bewegen]?« Und Abraham erwiderte: »Hören deine Ohren nicht, was dein Mund sagt?«

(Midrash Rabbah, Noah, Teil 38, Abschnitt 13, freundlicherweise für mich übersetzt von Shai Lavi).

das, was dein Mund sagt? Beschämt der Sohn den Vater für seine Götzenverehrung, oder ist es im Gegenteil der Vater, der seinen Sohn beschämt, weil dieser nicht versteht, was Idole vermögen? »Wenn du damit anfängst, die Idole zu zerschlagen, mein Sohn, mit welchen Vermittlungen willst du deine Gottheiten willkommen heißen, sammeln, erreichen, versammeln, zusammenbringen? Bist du sicher, daß du die Gebote deines Gottes verstehst? In welcher Torheit verfängst du dich, wenn du anfängst zu glauben, ich, dein Vater, glaube in *naiver* Weise an diese Idole, die ich mit eigenen Händen angefertigt habe, in meinem eigenen Ofen gebrannt, mit meinen eigenen Werkzeugen geschnitzt? Glaubst du wirklich, daß ich ihre Herkunft verkenne? Glaubst du wirklich, daß dieser niedrige Ursprung ihre Wahrheitsansprüche schwächt? Ist dein kritischer Geist *derart naiv*?«

Dieser legendenhafte Disput läßt sich in abstrakteren Begriffen überall dort beobachten, wo eine produktive Vermittlung in Stücke geschlagen wird und ersetzt wird durch die Frage: Ist es geschaffen *oder* ist es wirklich? Entscheide dich![24] Wodurch ist der Konstruktivismus in der abendländischen Tradition unmöglich geworden? Eine Tradition, die andererseits derart viel konstruiert und dekonstruiert hat, ohne in der Lage zu sein, zu bekennen, wie sie dies bewerkstelligt hat. Hätte

24 Das wird nirgendwo deutlicher als im Bereich der Wissenschaftsforschung (der *science studies*), meinem ursprünglichen Feld, wo von dieser Frage die ganze Palette der Positionen zwischen Realismus und Konstruktivismus organisiert wird. Siehe Ian Hacking, *Was heißt »soziale Konstruktion«? Zur Konjunktur einer Kampfvokabel in den Wissenschaften*, Frankfurt 1999.

man im Abendland wirklich geglaubt, es sei definitiv zu wählen zwischen Konstruktion und Realität (wäre man konsequent modern gewesen), so hätte es niemals Religion, Kunst, Wissenschaft und Politik gegeben. Vermittlungen sind überall nötig. Wenn man sie verbietet, wird man wahnsinnig, fanatisch, doch es gibt keine Möglichkeit, der Aufforderung zu folgen und sich zwischen den beiden polaren Gegensätzen zu entscheiden: entweder geschaffen oder wirklich. Es ist eine strukturelle Unmöglichkeit, eine Sackgasse, ein Double Bind, ein Wahnsinn. Es ist so unmöglich, wie von einem Bunraku-Spieler zu verlangen, er müsse sich von nun an entscheiden, *entweder* seine Puppe *oder* sich selbst auf der Bühne zu zeigen.

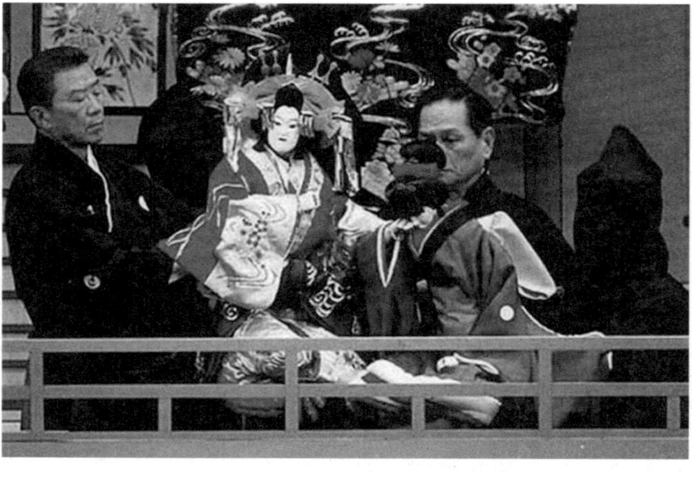

Abb. 7. *Miyagino (links) und Shinobu (rechts) der Go Taihaiki Shiraishi Banashi-Shin Yosiwara Ageya no Dan Puppenspieler Yoshida Minesuke-Miyagino (links) und Kiritake Monju-Shinobu (rechts).*

So habe ich meinerseits Dinge ausgesucht, die dieses Double Bind und den von ihm ausgelösten Fanatismus zeigen (als prototypisches Beispiel, das am Ursprung der Ausstellung steht, siehe Exkurs 2).[25] Es ist, als könnte der kritische Geist das ursprüngliche Zerbrechen der *Faitiches* nicht überwinden und könnte nicht gewahr werden, wie viel er verloren hat, als er den Hersteller in jene unmögliche Wahl zwischen menschlicher Konstruktion und dem Zugang zu Wahrheit und Objektivität zwang. Der Argwohn hat uns dumm gemacht. Gerade so, als wäre der Hammer des Kritikers zurückgesprungen und hätte seinen eigenen Kopf getroffen und besinnungslos gemacht!

Daher ist diese Ausstellung auch eine *Überprüfung des kritischen Geistes*, eine Pause in der Kritik, eine Besinnung über den Drang zur Entlarvung, zur vorschnellen Zuschreibung naiven Glaubens.[26] »Die Andächtigen sind nicht dumm«. Nicht, daß Kritik nicht länger benötigt würde, doch sie ist in letzter Zeit zu *billig* geworden.

Mit mehr als nur ein wenig Ironie könnte man sagen, daß so etwas wie eine *Miniaturisierung* der kritischen Anstrengung stattgefunden hat: was in vergangenen Jahrhunderten die gewaltige Anstrengung eines Marx, eines Nietzsche, eines

25 Anantha Murthy, *Bharathipura*, Macmillan, Madras (Indien) 1996.
26 Peter Sloterdijk, *Kritik der zynischen Vernunft,* Frankfurt 1983, sowie seinen Beitrag in Latour/Weibel. *Iconoclash*. Siehe ebenso den von Robert Koch »The Critical Gesture in Philosophy«.

Walter Benjamin erforderte, ist inzwischen umsonst zu haben; vielleicht vergleichbar mit den Supercomputern aus den fünfziger Jahren, die große Räume ausfüllten und riesige Mengen an Elektrizität und Hitze verbrauchten; sie sind jetzt für ein paar Groschen zu haben und nicht größer als ein Fingernagel. Man kann jetzt seine Baudrillard- oder Bourdieu-Desillusion für ein Butterbrot kriegen, seine Derrida-Dekonstruktion für ein paar Heller. Eine Verschwörungstheorie aufzustellen, kostet nichts, Zweifel ist leicht, Entlarvung lernt man in Einführungskursen zur kritischen Theorie. Wie kürzlich in der Reklame für einen Hollywoodfilm verkündet wurde: »Jeder ist verdächtig… jeder ist käuflich... und nichts ist wahr«!

Wir wollen (ich will) Kritik schwieriger machen, ihre Kosten erhöhen, indem ihr eine andere Schicht hinzugefügt wird, ein weiterer Icono*clash*: was, wenn der Kritiker so unkritisch gewesen wäre, daß er die Notwendigkeit von Vermittlung unsichtbar gemacht hätte? Was ist die abendländische Schattenseite, die Triebfeder des Modernisten, die seine Maschinerie am Laufen hält? Und noch einmal, was, wenn wir das zweite Gebot mißverstanden hätten? Was, wenn Moses gezwungen gewesen wäre, es für die enge Bandbreite seines Volkes zurechtzustutzen?

Exkurs 2

Dieser Auszug aus dem Roman eines indischen Schriftstellers, Anantha Murthy, steht für mich am Ursprung dieser Ausstellung: die seltene Beschreibung eines Bilderstürmers von innen her. Jagannath*, die Hauptperson, ist ein Brahmane, der aus England zurückkehrt und beschlossen hat, die Unberührbaren vom Bann zu befreien, den er und sein »Saligram« (der heilige Stein seiner Ahnen) über sie haben:

»Die Worte blieben ihm in der Kehle stecken. Dieser Stein ist nichts, und doch hängt mein Herz an ihm und ich reiche ihn euch: berührt ihn; berührt die verwundbare Stelle meines Geistes; es ist die Zeit des Abendgebetes, berührt ihn; noch immer brennt die *nandadeepa*. Die hinter mir stehen [seine Tante und der Priester], halten mich mit den vielen Banden der Pflicht zurück. Worauf wartet ihr noch? Was bringe ich euch hier? Vielleicht verhält es sich so: Dies hier ist zum Saligram geworden, *weil* ich es als Stein dargereicht habe. Wenn ihr ihn berührt, so wäre es für sie nur noch ein Stein. Meine Zudringlichkeit wird so zum Saligram. Weil ich ihn dargereicht habe, weil ihr ihn berührt habt und weil sie alle Zeugen dieses Ereignisses sind, soll der Stein sich in dieser hereinbrechenden Dunkelheit in einen Saligram verwandeln. Und der Saligram soll sich in einen Stein verwandeln.«

* Nicht ohne eine gewisse Ironie trägt der Held den Namen »Jagannath« oder »Herr der Welt«, welches ebenso der Name des schweren Wagens von Krishna ist, unter den, wie es heißt, die glühenden Verehrer sich warfen, um zu sterben. Daraus ist das Wort »juggernaut« im Englischen hervorgegangen, um eine mächtige, überwältigende Kraft zu beschreiben! Ein weiterer Icono*clash*.

Doch entsetzt weichen die Parias zurück:

»Jagannath suchte sie zu beschwichtigen. In seinem alltäglichen Tonfall des Lehrers sagte er ›Dies ist bloß ein Stein. Berührt ihn, und ihr werdet sehen. Sonst werdet ihr für immer dumm bleiben.‹

Was mit ihnen geschehen war, wußte er nicht, er sah jedoch, wie die ganze Gruppe plötzlich zurückwich. Unter ihren verzerrten Gesichtern zuckten sie zurück, zu verängstigt um stehenzubleiben, und zugleich zu verängstigt um davonzulaufen. Diesen verheißungsvollen Moment hatte er sich gewünscht und herbeigesehnt – den Moment, wo die Parias das Bildnis Gottes berührten. Mit erstickter Stimme und voller Zorn sprach er: ›Ja, berührt ihn!‹

Er ging auf sie zu. Sie wichen zurück. Eine gräßliche Grausamkeit übermannte ihn. Plötzlich erschienen ihm die Parias wie ekelhafte, auf dem Bauch kriechende Kreaturen.

Er biß sich auf die Unterlippe und sagte mit leiser, fester Stimme: ›Pilla, berühr' du ihn! Ja, berühre ihn!‹

Pilla [ein Paria-Vorarbeiter] stand mit verständnislosem Blick da. Jagannath fühlte sich erschöpft und verloren. Was auch immer er ihnen die ganze Zeit hindurch beigebracht hatte, war umsonst gewesen. Gräßlich schnarrend schrie er: ›Berühr' ihn, berühre, du BERÜHRST IHN jetzt!‹

Es klang wie der Laut eines in Wut versetzten Tieres und brach aus ihm heraus. Er war nur noch schiere Gewalt; sonst bemerkte er nichts mehr. Den Parias erschien er bedrohlicher als Bhutaraya [der Dämonengeist der lokalen Gottheit]. Seine Schreie zerrissen die Luft. ›Berühre, Berühre, Berühre.‹ Für die Parias wurde die Belastung zu groß. Mechanisch traten sie vor, berührten nur so eben, was Jagannath ihnen da hinhielt und entfernten sich sofort wieder.

Erschöpft von Gewalt und Schmerz schleuderte Jagannath den Saligram zur Seite. Eine pochende Pein war zu einem grotesken Ende gekommen. Auch wenn seine Tante die Parias als Unberührbare behandelte, konnte sie menschlich sein. Er aber hatte seine Menschlichkeit für einen Moment verloren. Die Parias waren für ihn bedeutungslose Dinge gewesen. Er ließ den Kopf hängen. Wann die Parias gegangen waren, wußte er nicht. Als er bemerkte, daß er ganz allein war, war die Dunkelheit schon hereingebrochen. Von sich selbst angewidert, begann er umherzugehen. Als sie den Stein berührten, fragte er sich, haben wir da nicht unsere Menschlichkeit verloren – sie und ich? Und sind gestorben. Wo liegt der Fehler von allem, in mir oder in der Gesellschaft? Es gab keine Antwort. Nach einem langen Gang kam er benommen nach Hause zurück.«

(Anantha Murthy. *Bharathipura.* (1996) Madras, Indien.)

Eine grobe Klassifizierung ikonoklastischer Gesten

Nun, wo wir eine gewisse Vorstellung davon haben, wie das Material für Ausstellung und Katalog ausgewählt wurde, könnte es für Leser und Ausstellungsbesucher nützlich sein, eine Klassifizierung der hier präsentierten Icono*clashs* an die Hand zu bekommen. Für ein derart komplexes und schwer faßbares Phänomen läßt sich selbstverständlich keine standardisierte Typologie vorlegen, mit der alle übereinstimmen.

Sie dürfte sogar dem Geist der Ausstellung zuwiderlaufen. Sind wir doch, wie ich ein wenig kühn gefordert habe, auf eine Neu-Beschreibung von Ikonophilie und Ikonoklasmus aus, um noch *mehr Unsicherheit* darüber zu erzeugen, mit welcher Art von Bilderverehrung/Bilderzerschlagung wir jeweils konfrontiert sind. Wie könnten wir sie da alle säuberlich auseinanderlegen wollen? Und doch mag es nützlich sein, kurz die *fünf Typen* ikonoklastischer Gesten darzustellen, die in dieser Schau überprüft werden, und zwar allein deshalb, um das Ausmaß der Ambiguität besser abzuschätzen, die von den zusammengestellten visuellen Rätseln ausgelöst wird.

Dieser zugestandenermaßen rohen Klassifizierung liegt das Prinzip zugrunde, hinzuschauen auf:

- die inneren Ziele der Ikonenzertrümmerer,
- die Rolle, die sie den zerstörten Bildern geben,
- die Auswirkungen, die die Zerstörung auf jene hat, die diese Bilder in Ehren hielten,
- die Interpretation dieser Reaktion durch die Bilderstürmer

– und schließlich die Auswirkungen der Zerstörung auf die eigenen Gefühle des Zerstörers.

Die Liste ist rudimentär, doch ich denke robust genug, um einen durch die versammelten Beispiele zu lenken.

Typ A der Bilderstürmer ist gegen alle Bilder

Der erste Typus des Bilderstürmers – ich versehe sie mit Buchstaben, um jede vorbelastete Terminologie zu vermeiden – besteht aus denen, die die Glaubenden – diejenigen, die sie für Glaubende *halten* – von ihrer falschen Anhänglichkeit an Idole aller Art und Gestalt befreien wollen. Die Idole, deren Bruchstücke nun auf dem Boden liegen, waren nichts als Hindernisse auf dem Weg zu höheren Tugenden. Sie mußten zerstört werden. Im Herzen des mutigen Bilderstürmers lösten sie zu viel Empörung und Haß aus. Es war unerträglich, mit ihnen zu leben.[27]

Die A unterscheiden sich von allen anderen Bilderstürmer-Typen dadurch, daß sie nicht nur glauben, es sei notwendig, sondern auch möglich, *sämtliche* Vermittlungen zu beseitigen und gleichwohl Wahrheit, Objektivität und Heiligkeit zu errei-

27 Wie Centlivres berichtet (siehe seinen Beitrag in Latour/Weibel, *Iconoclash*), hat Mullah Omar ein Opfer von 100 Kühen dargebracht, eine sehr kostspielige Hekatombe für afghanische Verhältnisse, als Buße dafür, daß so lange *versäumt* worden war, die Buddhas zu zerstören. 100 Kühe als Bitte um Vergebung für diese schreckliche Sünde: die Buddhastatuen elf Jahrhunderte nicht zerschlagen zu haben...

chen. Ohne diese Hindernisse, so ihre Überlegung, wird man endlich einen reibungsloseren, schnelleren, direkteren Zugang zum realen Ding haben, dem einzigen Gegenstand, der Achtung und Verehrung verdient. Bilder sind nicht einmal nur Vorbereitung, Widerschein, Andeutung des Originals: sie *verbieten* jeden Zugang zum Original. Unter Strafe der Verdammung hat man sich zwischen Bildern und Symbolen zu entscheiden.

Typ A ist demnach die reine Form des »klassischen« Ikonoklasmus, wiederzuerkennen in der formalistischen Ablehnung von Imagination, Zeichnung und Modellen, in den vielen Byzantinischen, Lutherischen, revolutionären Bewegungen von Bilderstürmern und in den schrecklichen »Exzessen« der Kulturrevolution. Reinigung ist das Ziel. Für die A wäre die Welt ein sehr viel besserer Ort, sehr viel reiner, aufgeklärter, wenn man nur all die Vermittlungen loswerden könnte und unvermittelt in Kontakt mit dem Original, den Ideen, dem wahren Gott kommen könnte.

Eines der Probleme der A ist, daß sie glauben müssen, daß die anderen – die armen Kerle, deren in Ehren gehaltene Ikonen angeklagt sind, pietätlose Idole zu sein – an diese naiv glauben. Diese Annahme bringt es mit sich, daß die A sich nicht aufhalten lassen, wenn die Philister mit Entsetzensschreien auf Raub und Plünderung reagieren. Im Gegenteil, ihre Reaktion beweist nur, wie recht die Bilderstürmer mit ihrer Aktion hatten. Die Intensität des Schreckens der Götzenanbeter ist der beste Beweis dafür, daß die naiven Gläubigen zu viel in diese an sich nichtigen Steine investiert haben. Mit dem Begriff des naiven Glaubens bewaffnet, mißdeuten die Freiheitskämpfer ständig die Empörung jener, die sie schokkieren, als unterwürfige Anhänglichkeit an Dinge, die noch radikaler zerstört gehörten.

Das größte Problem der A ist jedoch, daß niemand weiß, ob sie nicht B sind!

Typ B ist gegen das Einfrieren von Bildern, nicht gegen Bilder

Auch die B sind Idolzertrümmerer. Auch sie verwüsten Bilder, zerstören Gewohnheiten und Bräuche, schockieren die Andächtigen, lösen die bekannten Entsetzensschreie aus: »Ungläubige!« »Frevler!« «Blasphemie!« »Sakrileg!« Doch der gewaltige Unterschied zwischen den A und den B, der die gesamte Ausstellung durchzieht, besteht darin, daß letztere es nicht für möglich oder notwendig halten, Bilder loszuwerden. Denn sie bekämpfen das *Einfrieren*, das Erstarren eines Bildes: es aus dem Bilderfluß herauszuziehen und von ihm fasziniert zu sein, so als wäre es ausreichend und alle Bewegung zum Stillstand gekommen.

Was sie wollen, ist nicht eine von Bildern freie, von allen Hindernissen gereinigte, von allen Mittlern entleerte Welt, sondern im Gegenteil eine mit aktiven Bildern, beweglichen Mittlern *angefüllte* Welt. Sie wollen die Bilderproduktion nicht für immer aufhalten – wie die A –, sondern im Gegenteil, sie so schnell und frisch wie möglich *wieder in Gang setzen*.

Für sie bedeutet Ikonophilie nicht die ausschließliche und obsessive Aufmerksamkeit für das Bild, denn ebensowenig wie die A können sie *fixierte* Bilder ertragen. Ikonophilie heißt, sich von einem Bild zum anderen zu bewegen. Sie wissen, »die Wahrheit ist Bild, doch es gibt kein Bild von der Wahrheit«. Der einzige Weg, um Wahrheit, Objektivität und Heiligkeit zu erreichen, besteht für sie darin, schnell von einem Bild zum nächsten überzugehen, und nicht den unmöglichen Traum zu träumen, man könne zu einem nicht existierenden Original überspringen. Im Gegensatz zu Platon mit seiner Kette von Ähnlichkeiten versuchen sie nicht einmal, vom Abbild zum Urbild zu gelangen. Wie die alten ikonophilen Byzantiner zu sagen pflegten, sind sie »ökonomisch«, wobei das Wort damals einen langen und sorgsam verwalteten Bilderstrom in Religion, Politik und Kunst bedeutete, und nicht im heutigen Sinn der Welt der Güter verstanden wurde.

Während die A glauben, ikonophil seien jene, die am Bild festhalten, Ikonoklasten dagegen die kühnen Geister, die sich von der Faszination für Bilder lossagen, definieren die B als ikonophil jene, die *nicht* an einem besonderen Bild haften, sondern in der Lage sind, sich von einem Bild zum anderen zu bewegen. Für sie sind Ikonoklasten entweder jene, die absurderweise alle Bilder loswerden wollen, oder die anderen, die bei der faszinierten Betrachtung eines isolierten, eingefrorenen Bildes stehenbleiben.

Als prototypische Beispiele für die B könnten gelten: Jesus, der die Händler aus dem Tempel jagt, Bach, der die dumpfe Musik aus den Ohren der Leipziger Kongregation vertreibt,[28] Malewitsch, der sein schwarzes Quadrat malt, um Zugang zu den kosmischen Kräften zu gewinnen, die in der klassischen darstellenden Malerei verborgen geblieben waren,[29] oder schließlich der tibetanische Weise, der eine Zigarette auf einem Buddhakopf ausdrückt, um dessen illusorischen Charakter zu zeigen.[30] Für die B ist der den Bildern zugefügte Schaden immer eine wohltätige Aufforderung, die Aufmerksamkeit auf andere, neuere, frischere und heiligere Bilder *zu lenken,* nicht jedoch, ohne jegliches Bild auszukommen.

Viele Icono*clashs* rühren allerdings daher, daß kein(e) Bilderverehrer(in) sicher sein kann, wenn seine oder ihre bevorzugten Ikonen/Idole zertrümmert werden, ob ein A oder ein B die unheilvolle Tat begangen hat. So fragen sie sich: wird von uns verlangt, ohne jede Vermittlung auszukommen und es mit direkten Verbindungen zu Gott und Objektivität zu versuchen? Oder werden wir aufgefordert, unser bisheriges Verehrungsmedium auszutauschen? Oder werden wir ermuntert, unseren Sinn für Anbetung zu erneuern und sollen unsere Arbeit der Bilderfertigung mit frischen Kräften wieder aufnehmen? Man könnte hier an das lange Zögern derer denken, die am Fuß des Berges Sinai auf Moses' Rückkehr war-

28 Denis Laborde, »Vous avez-tous entendu son blasphème? Qu'en pensez-vous? Dire la Passion selon St Matthieu selon Bach«, in *Ethnologie française* 22, 1992, S. 320-333.

29 Boris Groys, *Gesamtkunstwerk Stalin. Die gespaltene Kultur in der Sowjetunion.* München 1996.

30 Heather Stoddard, *Le Mendiant de l'Amdo*, Société d'ethnographie, Paris 1985.

ten: was wurde von uns verlangt? Es ist so leicht, sich zu täuschen und damit anzufangen, das goldene Kalb zu bauen.

Und auch die A und die B können nicht sicher sein, wie die Reaktionen derer zu interpretieren sind, deren Ikonen/Idole niedergebrannt werden. Sind sie wütend, plötzlich ohne ihre geliebten Idole auskommen zu müssen, wie Kleinkinder ohne ihre Übergangsobjekte? Oder sind sie beschämt, daß sie fälschlicherweise angeklagt werden, naiv an nicht-existierende Dinge zu glauben? Sind sie entsetzt, daß man so eindringlich von ihnen verlangt, ihre Bindung an ihre geschätzte Tradition zu erneuern, die in bloßes Brauchtum abgesunken und in Mißkredit geraten war? Aus dem Kreischen ihrer Gegner können weder die A noch die B ersehen, welche Art von Propheten sie *selber* darstellen: sind sie Propheten, die fordern, alle Bilder loszuwerden, oder solche die – »ökonomisch« – wollen, daß die Bilderkaskade wieder in Bewegung kommt und das Werk der Erlösung wiederaufgenommen wird?

Damit sind wir jedoch noch nicht am Ende unseres Zögerns, unserer Ambiguität, unseres Icono*clash*. A und B könnten immerhin nur verkleidete C sein.

Typ C ist nicht gegen Bilder, sondern gegen die Bilder der Gegner

Auch die C sind auf Entlarvung, Entzauberung, Idolzerstörung aus. Auch sie hinterlassen Plünderung, Trümmer, Entsetzensschreie, Skandale, Abscheu, Entweihung, Scham und Sakrilege aller Art. Doch anders als dieA und die B haben sie nichts gegen Bilder im allgemeinen: sie sind bloß gegen das Bild, an dem ihre Gegner am stärksten *hängen*.

Ein wohlbekannter Mechanismus der Provokation, um jemanden so schnell und effizient wie möglich zu zerstören, besteht darin, dasjenige anzugreifen, was von ihm am meisten geschätzt wird, worin die symbolischen Schätze eines Volkes gesammelt sind. Fahnenverbrennung, Gemäldezerschlitzen und Geiselnahme sind typische Beispiele. Sage mir, was dir am teuersten ist, und ich werde es zugrunde richten, um dich schneller zu vernichten. Es ist die für terroristische Bedrohungen so charakteristische Minimaxstrategie: maximaler Schaden bei minimalem Einsatz. Teppichmesser und Flugtickets gegen die Vereinigten Staaten von Amerika.

Die Suche nach dem geeigneten Objekt, das Zerstörung und Haß auf sich ziehen könnte, ist gegenseitig: »Bevor du meine Flagge angreifen wolltest, wußte ich nicht, wie teuer sie mir war, nun aber weiß ich es«. So spielen Provokateure und Provozierte Katz und Maus, erstere suchen nach dem, was die Empörung am ehesten auslösen, die anderen nach dem, was ihre größte Empörung hervorrufen wird.[31] Während dieser Suche sehen alle das fragliche Bild als bloße Spielmarke, es zählt nur als Anlaß für Skandal. Wäre da kein Konflikt, es würde jeder in beiden Lagern bereitwillig bekennen, daß das Objekt nicht in Frage steht, daß es bloß Einsatz für etwas

31 Politische Korrektheit ist Teil dieser Haltung: überall nach guten Gelegenheiten suchen, einen Skandal zu entdecken.

vollkommen anderes ist.[32] Demnach stellen also die C das Bild selbst überhaupt nicht in Frage, sie haben nichts gegen es (wie die A) oder für es (wie die B). Das Bild ist einfach wertlos – wertlos, aber angegriffen, daher verteidigt, daher angegriffen...

Schrecklich für die Bilderstürmer ist, daß es keine Möglichkeit gibt, ein für allemal zu entscheiden, ob sie nun A, B oder C sind. Vielleicht haben sie ihre Berufung vollkommen mißverstanden; vielleicht haben sie die Entsetzensschreie jener mißverstanden, die sie Philister nennen und die mit ansehen müssen, wie ihre Idole zu Boden gestürzt werden. Die Idolzertrümmerer verstehen sich als Propheten, doch vielleicht sind sie bloße »agents provocateurs«. Sie sehen sich als Befreier der armen unglücklichen Seelen, die von monströsen Dingen gefangen sind, doch was, wenn sie im Gegenteil auf Skandal aus wären und nur nach einer Möglichkeit suchten, ihre Gegner möglichst wirksam zu beschämen?

Und was wäre, wenn ich, die Kritiker kritisierend, einfach nur versuchte, einen weiteren Skandal hervorzurufen? Was, wenn *Iconoclash*, in seinem Anspruch, Ikonoklasmus neu zu beschreiben, nichts wäre als eine weitere altbekannte ikonoklastische Geste, eine weitere Provokation, die bloße Wiederholung der endlosen Geste, die der Intelligenzija so über alles teuer ist? Mit Sicherheit wissen wir das nicht.

Deshalb heißt es ja auch Icono*clash*.

32 Zum Mechanismus der Skandalsucht in der zeitgenössischen Kunst siehe die Beiträge von Heinich und Gamboni in Latour/Weibel, *Iconoclash*, sowie Gamboni, *The Destruction of Art. Iconoclasm and Vandalism since the French Revolution*, Reaktion Books, London 1996. Zu sozialen und

Typ D zertrümmert Bilder, ohne es zu wollen

Es gibt noch eine weitere Art von Bilderstürmern, die in dieser Ausstellung präsent ist, ein eher abwegiger Typus, der sich bezeichnen ließe als »unschuldige Vandalen«. Bekanntlich ist Vandalismus eine boshafte Bezeichnung, um jene zu beschreiben, die nicht aus Bilderhaß zerstören, sondern aus Ignoranz, Profitgier oder schierer Leidenschaft und Wahnsinn.[33]

Natürlich läßt sich mit diesem Etikett auch das Handeln der A, B oder C beschreiben. Sie *alle* können des Vandalismus bezichtigt werden von jenen, die nicht wissen, ob sie unschuldige Glaubende sind und verärgert darüber, der Naivität bezichtigt zu werden, oder vom prophetischen Ruf aus ihrem dogmatischen Schlaf gerissene Philister, oder aber Skandalliebhaber, erfreut, zur Zielscheibe der Kritik zu werden, da sie so die Stärke und Selbstgerechtigkeit ihrer Empörung beweisen können.

Die unschuldigen Vandalen unterscheiden sich allerdings von den normalen »bösen« Vandalen: sie waren sich überhaupt nicht bewußt, daß sie irgendetwas zerstörten. Im Ge-

politischen »Affären« siehe Luc Boltanski, *L'amour et la justice comme compétences*, A.-M. Métailié, Paris 1990. Der typische Mechanismus, durch den Objekte als bloße Spieleinsätze gesehen werden, wurde dargestellt von René Girard, *Das Ende der Gewalt: Analyse des Menschheitsverhängnisses*, Freiburg u.a. 1983.

33 Louis Réau, *Histoire du vandalisme. Les monuments détruits de l'art français*, Edition augmentée par Michel Fleury et Guy-Michel Leproux, Bouquins, Paris 1994; André Chastel, *The Sac of Rome – 1527*, Princeton University Press, Princeton 1983.

genteil, sie hegten Bilder und schützten sie vor Zerstörung, und doch werden sie, später, angeklagt, diese entweiht und zerstört zu haben![34] Sie sind gewissermaßen *retrospektive* Ikonoklasten. Ein typisches Beispiel wären die Restauratoren, die von manchen beschuldigt werden, »mit Liebenswürdigkeit zu töten«. Besonders im Bereich der Architektur gibt es viele dieser »Unschuldigen«, die zerstören müssen, um zu bauen, und dann heißt es von ihren Gebäuden, sie seien der reinste Vandalismus. Ihr Herz ist voller Liebe zu den Bildern, darin unterscheiden sie sich von allen anderen Fällen, und doch lösen sie genau dieselben Verwünschungen aus: »Profanation«, »Sakrileg«, »Entweihung«...

Das Leben ist nicht einfach: Obwohl sie Kunstwerke restaurierten, Städte verschönerten, archäologische Stätten wieder herrichteten, haben sie sie zerstört, sagen ihre Gegner, und so erscheinen sie als die schlimmsten Ikonoklasten, oder zumindest die perversesten. Noch andere Beispiele lassen sich hier finden, wie jene Museumskuratoren, die die wunderbaren neuguineanischen »Malanggans« aufbewahren, obwohl diese inzwischen wertlos geworden sind, denn ginge es nach ihren Herstellern, so müßten sie nach drei Tagen zerstört werden... Oder jene afrikanischen Objekte, die sorgfältig dazu angefertigt wurden, um auf der Erde zu verrotten, und die jetzt

34 Die Zensur könnte einen Aspekt der D darstellen: das Niederreißen oder Verbergen von Bildern, zum Schutz anderer Bilder und sich dabei die falsche Zielscheibe zu wählen. Filmemacher sind damit beschäftigt, Bilder vom World Trade Centre aus ihrem Film zu entfernen, um die Zuschauer nicht zu schockieren.. . *International Herald Tribune* vom 25. Oktober 2001.

von Kunsthändlern sorgfältig aufbewahrt und damit in den Augen ihrer Hersteller unwirksam gemacht werden.[35] Der Zauberlehrling ist nicht ein wirklich böser Zauberer, doch aus seiner Unschuld, Ignoranz und Achtlosigkeit heraus wird er böse.

Und auch hier wieder können die A, wie auch die B und die C bezichtigt werden, D zu sein, das heißt sich die falsche Zielscheibe ausgesucht zu haben und nicht an die Nebeneffekte, die weitreichenden Folgen ihres Zerstörungsaktes gedacht zu haben. »Du glaubst, Menschen von Idolatrie befreit zu haben, aber du hast sie bloß der Mittel zur Andacht beraubt...«; »Du glaubst, ein Prophet zu sein, der den Bilderkult mit frischeren Bildern erneuert, aber du bist nichts als ein Skandalsüchtiger, der nach Blut dürstet«. Ähnliche Anschuldigungen werden häufig in revolutionären Kreisen erhoben, man bezichtigt sich immer wieder gegenseitig, auf der falschen Seite zu stehen und, *horresco referens*, reaktionär zu sein. Was, wenn wir die falschen Leute getötet, die falschen Idole zerschlagen hätten? Schlimmer noch, was, wenn wir Idole für den Kult eines noch blutigeren, noch größeren und noch monströseren Baal geopfert hätten?

35 Andere Fälle von retrospektiver Zerstörung lassen sich in der Technik finden: Asbest galt als »magic material«, bevor seine Produzenten angeklagt wurden, Tausende von Menschen damit zu töten; DDT war das Zauber-Pestizid, bevor es derselben Verbrechen beschuldigt wurde. Siehe Ulrich Beck, *Gegengifte*, Frankfurt a. M. 1988, für eine Darstellung dieser retrospektiven Anklage ausgehend vom Begriff der »Spätfolgen«.

Typ E ist einfach das Volk, das weder Ikonoklasten noch Ikonophile

Der Vollständigkeit halber sollte man auch noch die E anführen, die den Idolzerstörern ebenso mißtrauen wie den Ikonenverehrern. Sie scheuen jede scharfe Unterscheidung zwischen den beiden Seiten. Sie üben ihre vernichtende Ironie gegen alle Mittler aus; nicht weil sie diese loswerden wollten, sondern weil sie sich der Fragilität der Mittler so bewußt sind. Sie zeigen weder Respekt noch Ehrfurcht, sie sehnen sich geradezu nach Hohn und Spötterei, sie beanspruchen das absolute Recht auf Blasphemie in wilder Rabelaisscher Manier, sie demonstrieren, wie notwendig Unverschämtheit und die von den Römern so genannten »Pasquinaden« sind; denn sonst verlöre sich der gesunde Sinn bürgerlicher Freiheit, jene unerläßliche Prise Kynismus (Peter Sloterdijk), der nicht zu verwechseln ist mit dem ikonoklastischen Zynismus.

Es gibt ein Recht, nicht zu glauben, und das sogar noch wichtigere Recht, nicht des *naiven* Glaubens an irgendetwas bezichtigt zu werden. So etwas wie einen Glaubenden gibt es womöglich gar nicht. Mit Ausnahme des eher seltenen Bilderstürmers: er glaubt an den Glauben – und glaubt, seltsam genug, ebenfalls, er sei der einzige Nichtglaubende. Der heilsame, vielfältige, unausrottbare populäre Agnostizismus kann für einige Verwirrung sorgen, denn auch hier wieder sind die Reaktionen auf ihn nicht unterscheidbar von denen auf die Zerstörungs/Erneuerungsakte der A, B, C und D. Es ist so leicht, schockiert zu sein. Jeder besitzt ein gewisses Quan-turn an "Schockierbarkeit", das zwar auf verschiedene Ursachen bezogen, doch keinesfalls aufgebraucht oder gar vermindert werden kann.

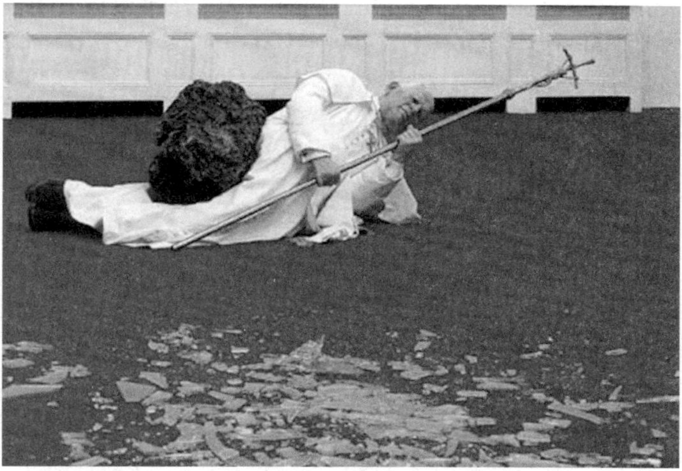

Abb. 8. *Maurizio Catte an, La Nona Ora (1999). Kunstharz, Echthaar, Accessoires, Stein, Teppichboden. Galerie Emmanuel Perrotin, Paris.*

Nehmen wir das inzwischen berühmte Bild von Papst Johannes-Paul II., wie er von einem Meteoriten zu Boden geschleudert wird (Abb. 8). Demonstriert es eine gesunde Respektlosigkeit gegenüber der Autorität? Ist es der typische Fall einer billigen Provokation, gemünzt auf blasierte Londoner Kunstliebhaber, die es erwarten, milde schockiert zu werden, wenn sie eine Kunstausstellung besuchen, obwohl es ihnen ziemlich gleichgültig ist, wenn ein derart langweiliges Bild wie das des Papstes zerschlagen wird? Oder ist Cattelans Bild im Gegenteil auf Skandal aus und der Versuch, den Glauben polnischer Museumsbesucher zu attackieren, wenn das Bild in Warschau gezeigt wird? Oder ist es, wie Christian Boltanski behauptet,[36] ein Bild voller Ehrfurcht, da es zeigt, daß im Katholizismus der Papst das gleiche Zerbrechen, die gleiche äußerste Zerstörung erdulden muß wie Christus selbst? Doch wie ließe sich dieses Spektrum von Interpretationen testen?[37]

Daher die *akustische Landschaft* der Ausstellung.

Eine willkommene Kakophonie

In unserer Schau sollen die Schreie der Verzweiflung, des Entsetzens, der Empörung, des Erstaunens gleichzeitig zu *hören* sein, alle auf einmal, so daß wir uns nicht sofort entscheiden und uns wie üblich einem Lager zuschlagen müssen, um den Hammer zu schwingen und den Akt der Dekon-

36 Boltanski, persönliche Mitteilung.

37 Ich schlug Cattelan einen Test vor: den Papst, den jeder zu Boden geworfen zu sehen wünscht (außer vielleicht die Polen), zu ersetzen durch jemanden, dessen Zerstörung die Empörung der Intellektuellen auslösen würde: zum Beispiel Salman Rushdie zu zeigen, wie er von einer Islamistenkugel erschossen wird... Zu schrecklich, zu skandalös, sagte man mir (Obrist, persönliche Mitteilung). Aha! Dem Papst kann also ein Schlag versetzt werden, doch nicht jemandem, der in den Augen der kritischen Geister *wirklich* Respekt verdient! Doch als ich vorschlug, was als ein wahres, nicht billiges Sakrileg erschien, worauf war ich da aus? Eine weitere Provokation, die diesmal auf gläubige Kritiker anstatt auf gläubige Papisten zielte? Wer kann das schon sagen? Ich kann mir noch nicht einmal sicher sein, die Reaktionen derer zu verstehen, die bei meinem Vorschlag entsetzt zurückschreckten.

struktion zu vollenden. Daher spielt die *Kakophonie* – als akustische Entsprechung des Icono*clashs* – in der Ausstellung eine so wichtige Rolle.

Durch Ton wie Bild wollen wir den Sinn für Ambiguität wiederherstellen: wer schreit auf gegen Zerstörung und wieso? Sind es die Klagen der ewigen Philister, schockiert, weil sie aus ihrem langweiligen und engen Kreis von Gewohnheiten hinausgezwungen werden? Hört hin! Sind es die Wehklagen der einfachen Verehrer, die ihrer einzigen Quelle von Tugend und Bindung beraubt sind: der heiligen Reliquien, der kostbaren Fetische, der fragilen *Faitiches*, die sie am Leben hielten und nun durch irgendeinen blinden und arroganten Reformer zertrümmert werden?[38] Hört hin! Das Schluchzen der A, denen bewußt wird, daß sie niemals die sanfte Gewalt der prophetischen B erreichen werden und sie die Welt nur entleert und noch schrecklicher gemacht haben? Und hören, wie hinter den kakophonischen Wehklagen das sardonische Gelächter der blasphemischen E zu vernehmen ist, die sich so gesund, so glücklich fühlen, ihr jugendliches Getöse zu enffalten. Und hinter all dem, was ist dieses andere Geräusch? Hört! Die prophetische Trompete, die uns aus unserer tödlichen Anhänglichkeit aufweckt, damit ein neuer Sinn für Schönheit, Wahrheit und Heiligkeit der Bilder wieder auflebt. Doch woher kommt dann wieder dieser heisere Lärm? Hört! was für ein Krach, das schnarrende Kreischen der Provokateure, auf der Suche nach neuer Beute.

Ja, ein Pandämonium: unsere alltägliche Welt.

38 Tobie Nathan, *L'influence quiguérit*, Editions Odile Jacob, Paris 1994.

Jenseits des Bilderkriegs: Kaskaden von Bildern

Wie können wir sicher sein, daß unsere Schau nicht eine weitere ikonoklastische Schau ist? Daß wir vom Besucher und Leser nicht verlangen, einen weiteren Kreis hinunter in die Hölle von Entlarvung und Kritik zu steigen? Daß wir nicht eine weitere Schicht von Ironie hinzufügen, Unglauben auf Unglauben setzen, die Aufgabe der Entzauberung mit weiterer Entzauberung fortsetzen? Noch einmal: niemand ist gleicher Meinung unter den Kuratoren, und ohnehin ist Einigkeit nicht unser Ziel, denn wir sind auf Icono*clashs* aus, nicht auf Gewißheit. Und doch hat unsere Ausstellung den Anspruch, *über* die Bilderkriege *hinaus* zu gelangen. Stets ein kühner Anspruch, diese kleine Präposition: über (hinaus). Wie können wir ihn erfüllen?

Indem wir Bilder, Objekte, Statuen, Zeichen, Dokumente in einer Weise präsentieren, die ihre Verbindung zu anderen Bildern, Objekten, Statuen, Zeichen und Dokumenten zeigt. Mit anderen Worten, wir wagen die Behauptung, daß wir zu den B, und nicht zu den A, den C, den D und nicht einmal den E gehören. Ja, wir beanspruchen, vom Stamme der Propheten zu sein! Bilder zählen, sie sind keine bloßen Spielmarken, doch nicht, weil sie Urbilder von etwas über, unter oder entfernt von ihnen wären: sie zählen, weil sie ermöglichen, sich zu einem *anderen* Bild zu bewegen, das ebenso zerbrechlich und bescheiden wie das erste, doch von diesem *verschieden* ist.[39]

39 In seiner netten visuellen Zusammenfassung von Bildern und ihrem Urbild bekundet Jean Wirth, *Faut-il adorer les images? La théorie du culte*

Somit besteht die maßgebliche Unterscheidung, die wir in dieser Ausstellung treffen wollen, nicht zwischen einer Welt des Bildes und einer Welt des Nicht-Bildes – an diese Unterscheidung wollten uns die Bilderkrieger glauben machen –, sondern zwischen dem *angehaltenen* Strom der Bilder und einer *Kaskade* von ihnen. Indem wir die Aufmerksamkeit der Besucher auf diese Kaskaden lenken, erwarten wir nicht den Frieden – dazu ist die Geschichte des Bildes zu belastet –, sondern wir geben dem Publikum einen sanften Anstoß, nach anderen Eigenschaften des Bildes Ausschau zu halten, Eigenschaften, die von den Religionskriegen ganz verhüllt worden sind, verdeckt vom Staub, den ihre Geschosse und Rasereien aufgewirbelt haben.

des images jusqu'au concile de Trente, in Dupeux/Jezler et al., *Iconoclasme*, S. 28-37. einmal mehr den vollkommenen Widerspruch des Arguments, denn um den Unterschied zwischen dem Respekt für das Bild (Ikonodulie) und Anbetung des Modells (Idolatrie) zu zeigen, ist er notwendigerweise gezwungen, zwei Bilder zu *zeichnen* – eines für das Urbild, ein weiteres für das Original.

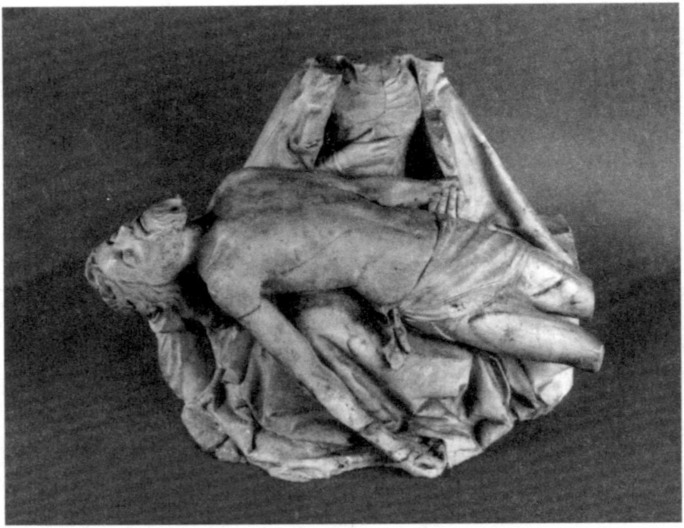

Abb. 9. *Pietà, 15. Jahrhundert, Musée Anne de Beaujeu, Moulins.*

Nehmen wir zum Beispiel diese kleine und schlichte Pieta aus dem Museum von Moulins in Frankreich (siehe Abb. 9). Protestantische Fanatiker oder später revolutionäre (oder vielleicht auch Vandalen) haben den Kopf Marias abgeschlagen und die Gliedmaßen des toten Christus zerbrochen – auch wenn es in der Schrift hieß: »sie werden ihm keinen Knochen brechen«. Ein winziger, unbeschädigt gebliebener Engel, in der Abbildung nicht zu sehen, hält in Trauer den nach hinten gefallenen Kopf des Heilands. Eine ikonoklastische Geste, soviel ist sicher. Doch Moment! Was wäre ein toter Christus, wenn nicht ein anderes zerbrochenes Bildnis, das vollkommene Bild von Gott, entheiligt, gekreuzigt, durchbohrt und im Begriff, begraben zu werden? So hat die ikonoklastische Geste ein Bild getroffen, das *bereits* gebrochen ist. Was bedeutet es, ein gekreuzigtes Bildnis zu kreuzigen?

Sind wir hier nicht mit einem guten Icono*clash* konfrontiert? Der Idolbrecher war redundant, denn er (aus eher dunklen Gründen behalte ich das Maskulinum für diese Art von Tat bei) hat eine *schon gebrochene* Ikone zerbrochen. Es gibt allerdings einen Unterschied zwischen den beiden Gesten: die erste war eine tiefe und alte Meditation über die Schwäche aller Ikonen, die zweite hat nur eine Art einfältigen Willen hinzugefügt, alle Idole loszuwerden. Als gäbe es Götzen und Götzenanbeter! Die Bilderkrieger begehen immer den gleichen Fehler: sie glauben naiv an naiven Glauben. Hat nicht der Idolzertrümmerer nur seine Naivität bewiesen, als er sich vorstellte, daß der erste ein Idolverehrer war, während er oder sie ein ziemlich guter Ikonenbrecher gewesen sein muß... In dieser Tradition ist das Bild immer das eines Bruchs, um den Gegenstand für normalen Konsum untauglich zu machen.[40]

Wie Louis Marin in einem wundervollen Buch argumentiert hat, gilt das auch für christliche religiöse Gemälde, die nicht versuchen, irgendetwas zu zeigen, sondern im Gegenteil den

40 Siehe Joseph Koerners wunderbares Kapitel über Bosch in Jones/Galison, *Picturing Science*. Vgl. den Begriff »dissimiles« in Georges Didi-Huberman, *Fra Angelico. Disssemblance et figuration,* Flammarion, Paris 1990.

Anblick *opak* zu machen, die Sicht zu verdecken.[41] Tausende kleiner Erfindungen zwingen den Betrachter, den Verehrer, *nicht* zu sehen, was vor ihm oder ihr präsentiert wird. Jedoch nicht, wie die Verteidiger von Ikonen oft sagen, um die Aufmerksamkeit vom Bild weg und zum Urbild hinzulenken. Es gibt kein Urbild, das sich anschauen ließe – das wäre wahnsinnig gewordener Platonismus –, sondern nur das Umlenken der Aufmerksamkeit auf ein *anderes* Bild.

Die Emmaus-Pilger sehen nichts in ihrem Mitreisenden, wie er von Caravaggio gemalt worden ist, doch das *Brechen* des Brots enthüllt, was sie hätten sehen sollen und was der Betrachter nur durch das sehr schwache Licht sehen kann, das der Maler dem Brot hinzugefügt hat. Doch es ist nichts als ein Gemälde. Die Aufmerksamkeit *anderswohin zu lenken*, ist stets die Aufgabe, der sich diese Bilder stellen, um so die Gläubigen zu zwingen, sich von einem Bild zum nächsten zu bewegen. »Er ist nicht hier. Hier seht ihr die Stelle, wo er gelegen hat.« (Markus 16, 6).

Wie sehr sich die Bilderkrieger doch täuschten: jedes dieser Bilder ist schon in der Mitte gebrochen. Jede Ikone wiederholt: *Noli me tangere*, und ihre Feinde bezichtigen sie, zu viel Aufmerksamkeit auf sich zu ziehen! Werden wir wirklich noch ein weiteres Jahrhundert damit zubringen wollen, Bilder noch einmal zu zerstören, noch einmal zu dekonstruieren, die *bereits* so intelligent und subtil zerstört sind?

41 Louis Marin, *Opacité de la peinture. Essais sur la représentation*, Usher, Paris 1989.

Isoliert hat ein wissenschaftliches Bild keinen Referenten

Die Kaskade der Bilder ist sogar noch auffallender, wenn man sich die Bilderserien anschaut, die unter dem Etikett Wissenschaft versammelt sind.[42] Ein isoliertes wissenschaftliches Bild ist bedeutungslos, es beweist nichts, sagt nichts, zeigt nichts, es hat keinen Referenten. Wieso? Weil ein wissenschaftliches Bild, mehr noch als ein christliches religiöses, ein Satz von Instruktionen ist, *um ein anderes, weiter hinten in der Kette zu erreichen.*[43] Eine Zahlentabelle wird zur einem Kartennetz führen, das zu einer Fotografie führen wird, die zu einem Diagramm führen wird, das zu einem Absatz führen wird, der zu einer Behauptung führen wird. Die ganze Serie hat eine Bedeutung, doch keines ihrer Elemente irgendeinen Sinn.

In den wunderbaren Beispielen aus der Astronomie, die Galison zeigt, kann man nicht an irgendeiner Stelle in der Serie anhalten, wenn man das von ihnen dargestellte Phänomen »fassen« will. Sobald man sich jedoch die gesamte Serie hinauf- oder hinunterbewegt, folgen Objektivität, Sichtbarkeit

42 Das Wort »Kaskade« zur Beschreibung dieser Aufeinanderfolge hat Trevor Pinch zum ersten Mal verwendet: »Observer la nature ou observer les instruments«, in *Culture technique*, 14, 1985, S. 88-107. Siehe auch Mike Lynch und Steve Woolgar (Hrsg.), *Representation in Scientific Practice*, MIT Press, Cambridge 1990; sowie Jones/Galison, *Picturing Science*.

43 Zur Beschreibung dieses Kaskadierungseffekts siehe Latour, *Die Hoffnung der Pandora*, Kapitel 2, sowie Bruno Latour, »Arbeit mit Bildern oder: Die Umverteilung der wissenschafilichen Intelligenz«, in: *Der Berliner Schlüssel. Erkundungen eines Liebhabers der Wissenschaften*, Berlin 1996, S. 159-190.

und Wahrheitsgemäßheit von selbst. Das gleiche gilt für das Beispiel aus der Molekularbiologie, das Rheinberger vorlegt: bei der Radioisotopen-Markierung gibt es auf keiner einzelnen Stufe irgendetwas zu sehen, und doch gibt es keinen anderen Weg, um Gene zu sehen. In der Wissenschaft erweist sich die Unsichtbarkeit als noch verblüffender als in der Religion – nichts ist daher absurder als die Gegenüberstellung zwischen der sichtbaren Welt der Wissenschaft und der »unsichtbaren« Welt der Religion.[44] Sie können beide nicht erfaßt werden, außer durch Bilder, die in einer Weise gebrochen sind, daß sie zu einem weiteren Bild führen.

Wollte man die Bilder fallen lassen und seine Augen stattdessen auf das Urbild richten, *das* sie abbilden sollen, so sähe man weniger, unsäglich viel weniger.[45] Man wäre ein für alle Mal blind. Und verlangt man von einer Physikerin, ihre Augen von den Einschreibungen abzuwenden, die ihre Detektoren erzeugen, so wird sie nichts mehr wahrnehmen: nur wenn sie noch mehr Inskriptionen, noch mehr Instrumentenresultate, noch mehr Gleichungen versammelt, wird sie allmählich eine Vorstellung gewinnen.[46] Nur ganz im *Innern* der geschlosse-

44 Siehe Hans-Jörg Rheinberger in Latour/Weibel, *Iconoclash*, sowie Hans-Jörg Rheinberger, *Experimentalsysteme und epistemische Dinge. Eine Geschichte der Proteinsynthese im Reagenzglas*, Göttingen 2001.
45 Daher brauchte es auch so lange, bis der wissenschafiliche Blick das Sehen an jene befremdlichen neuen wissenschaftlichen Bilder *akkommodiert hatte*, großartig dargestellt in Lorraine Daston, Katharine Park, *Wonders and the Order of Nature*, Zone Books, Cambridge 1999.
46 Peter Galison, *Image and Logic. A Material Culture of Microphysics*, The University of Chicago Press, Chicago 1997.

nen Mauern ihres Elfenbeinturms gewinnt sie Zugang zur Welt »dort draußen«.

Dieses Paradox wissenschaftlicher Bilder wird wieder vollkommen verpaßt von den Bilderkriegern, die von uns verlangen würden, unbedingt zu *wählen* zwischen dem Sichtbaren und dem Unsichtbaren, dem Bild und dem Urbild, der wirklichen Welt dort draußen und der hergerichteten künstlichen Welt da drinnen. Sie können nicht verstehen, daß je artifizieller die Inskription, desto größer ihre Fähigkeit, sich mit anderen zu verknüpfen, zu verbünden, eine sogar noch bessere Objektivität hervorzubringen.

Zu verlangen, die vielen Mittler in der Wissenschaft zu zerschlagen, um besser und schneller die wirkliche Welt dort draußen zu erreichen, wäre daher ein Ruf nach Barbarei, nicht nach Aufklärung. Müssen wir wirklich ein weiteres Jahrhundert damit zubringen, zwischen Konstruktivismus und Realismus, zwischen Artifizialität und Authentizität gewaltsam hin und her zu wechseln? Die Wissenschaft hat etwas besseres verdient als naive Verehrung oder naive Verachtung. Ihr Regime der Unsichtbarkeit ist so erhebend wie das der Religion und der Kunst. Die Subtilität ihrer Spuren verlangt eine neue Form von Achtsamkeit und Aufmerksamkeit – sie verlangt, warum sollte man das Wort scheuen, ja, nach Spiritualität.

Bilder mit Bildern verknüpfen, mit Serien von ihnen spielen, sie wiederholen, reproduzieren, leicht verzerren, war übliche Praxis in der Kunst – auch schon vor dem berüchtigten »Zeitalter ihrer technischen Reproduzierbarkeit«. Eine Möglichkeit, die Kaskadierung von Bildern im künstlerischen Bereich wahrzunehmen, ist »Intertextualität« – die verwickelte dichte Verknüpfung, die jedes Bild mit allen anderen schon produzierten verbindet, diese komplexe Beziehung von Anspielung, Zerstörung, Geiselnahme, Distanz, Zitat, Parodie, Kampf. Sie ist auch in der simpelsten Verknüpfung schon sichtbar, die für die Definition einer *Avantgarde* so wichtig ist: sobald ein Bildertyp einmal ersonnen ist, kann er nicht länger von anderen in derselben Art und Weise hervorgebracht werden.

Doch es gibt eine noch direktere Beziehung zwischen den Bildern der Kunst und den anderen beiden Bildertypen, denn auf vielfache Weise waren die abendländischen Künste in der Frage mimetischer Darstellung geradezu besessen vom Schatten, den wissenschaftliche und religiöse Bilder auf sie warfen: wie kann man der Verpflichtung entkommen, die Credos der Gläubigen ein weiteres Mal darzubieten? Wie der Tyrannei der »ganz einfach objektiven«, »rein darstellenden« quasi-wissenschaftlichen Abbildungen entgehen? Den eigenen Blick von dieser doppelten Verpflichtung zu befreien, spielte keine geringe Rolle bei den Erfindungen der sogenannten modernen Kunst. Und dann sind da natürlich noch die »reaktionären« Kritiker, die nie müde werden, eine »Rückkehr« zur »realen

Präsenz« zu verlangen, zur »akkuraten Darstellung«, zur »Mimesis«, und zur Verehrung der Schönheit – als wäre es möglich, die Uhr zurückzudrehen.[47]

So haben wir hier ein weiteres Paradox, einen weiteren Icono*clash*: wem hat die zeitgenössische Kunst so energisch zu entkommen versucht? Worauf zielte so viel Ikonoklasmus ab, so viel Asketismus, so viel gewaltsame und manchmal frenetische Energie? Auf religiöse Bilder und ihre Obsession für wirkliche Gegenwart? Doch bei ihnen ging es nie um etwas anderes als die Vergegenwärtigung von Abwesenheit. Auf die wissenschaftliche Bilderwelt? Doch kein isoliertes wissenschaftliches Bild besitzt irgendeine mimetische Macht; es gibt nichts, das *weniger* darstellungsgebunden, *weniger* figurativ wäre als die von der Wissenschaft produzierten Bilder, von denen es gleichwohl heißt, daß sie uns den besten Zugriff auf die sichtbare Welt bieten.[48]

Hier haben wir wieder einen weiteren Fall der Bilderkriege, durch den unsere Aufmerksamkeit auf ein vollkommen falsches Ziel gelenkt wird. Viele Künstler haben versucht, die schwere

47 George Steiner, *Von realer Gegenwart. Hat unser Sprechen Inhalt?,* München 1990; Jean Clair, *Considérations sur l'état des beaux arts. Critique de la modernité,* Gallimard, Paris 1983. Als eine Akte zur Debatte um die zeitgenössischen Künste siehe P. Barrer, *(Tout) l'art contemporain est-il nul? Le débat sur l'art contemporain en France avec ceux qui l'ont lancé. Bilan et perspective*, Favre, Lausanne 2000.

48 James Elkins, *Why are our Pictures Puzzles,* Routledge, London 1999. Man könnte sogar behaupten, daß Wissenschaftsphilosophen aus der Betrachtung von Gemälden (vermutlich niederländischen) ihre Ideen über die sichtbare Welt und ihre Modell/Kopie-Epistemologie gewonnen haben. Siehe den Klassiker: Svetlana Alpers, *Kunst als Beschreibung*, Köln 1985.

Last von Präsenz und Mimesis zu vermeiden, indem sie Religion und Wissenschaft gemieden haben, die selbst wiederum noch intensiver danach strebten, Präsenz, Transparenz und Mimesis zu meiden! Eine Komödie der Irrungen.

Wie lange noch wollen wir ein Bild, eine Installation, ein Objekt danach beurteilen, welche anderen Bilder, Installationen, Objekte durch es bekämpft, ersetzt, zerstört, verspottet, degradiert, parodiert werden sollen. Ist es für die Kunst so wesentlich, daß jedes Werk von einem langen Gefolge von Sklaven und Opfern begleitet wird? Ist die Verzerrung eines bereits existierenden Bildes wirklich das einzige Spiel, das gespielt werden darf?

Zum Glück gibt es viele andere Kunstformen, Installationstypen, Kanstgriffe, Vorrichtungen aller Art, die sich nicht auf diese negative Beziehung zwischen Bild und Verzerrung stützen. Nicht, daß sie sich auf Mimesis verließen, durch die der Blick auf die langweiligste Form visueller Gewohnheit beschränkt wäre. Sondern weil sie nichts mehr lieben als die Transformation von Bildern, die Kette von Modifikationen, durch die das Blickregime des klassischen, aus dem Bilderstrom extrahierten, eingefrorenen Bilds vollkommen verändert wird.

Diese Differenz zwischen ikonoklastischer Verzerrung, die sich stets auf die Macht des Zerstörten verläßt, und einer produktiven Kaskade von Re-Repräsentationen erklärt vielleicht auch, wieso in dieser Ausstellung sich beispielsweise Peter Weibels Definition von Kunst überhaupt nicht mit der von jemandem wie Adam Lowe überschneidet: ein weiterer Ikono*clash*, und hoffentlich ein visuell sehr ergiebiger.

Nach *911*

Wie Christin, Colas, Gamboni, Assmann und viele andere gezeigt haben, gab es stets eine direkte Beziehung zwischen dem Status des Bildes und der Politik. Bilder zu zerstören, war immer ein sorgfältig geplantes, elitäres und angeleitetes Unternehmen. Nichts ist weniger populär, weniger spontan und unorganisiert als Idolzertrümmerung. Wenngleich das Wort Repräsentation in der öffentlichen Sphäre noch deutlicher in Erscheinung tritt als in Wissenschaft, Religion und Kunst, so haben wir den Ikonoklasmus in der Politik doch nicht als einen separaten Bereich behandelt.

Dafür gibt es einen einfachen Grund: um die Definition politischer Mittler zu erneuern, ist es wesentlich, erst *über* die Bilderkriege *hinaus* zu gelangen. Politik findet sich überall in der Ausstellung, doch bewußt verstreut. Ikonoklasmus, auf die politische Sphäre angewandt, ist weitaus zu billig geworden. Nirgendwo sonst als in der Politik ist die absurde, aber schrille Frage zu vernehmen: »Ist es manipuliert oder ist es wirklich?« Als müßte, wieder einmal, das Werk der Hände, die achtsame Mani-pulation, die von Menschen gemachte Vermittlung in die eine Spalte hineingesetzt werden, und Wahrheit, Genauigkeit, Mimesis, getreue Repräsentation gehörten in eine andere. Als müßte alles, was dem Haben der einen Seite hinzugefügt wird, auf der anderen Seite abgezogen werden. Seltsame Buchführung! Wäre es so, dann gäbe es weder Politik noch Religion, Wissenschaft oder Kunst. Ein weiterer Fall der unmöglichen Anwendung des zweiten Gebots.

Doch die Anbetung der Bilderzerstörung, der Kult des Ikonoklasmus als der höchsten intellektuellen Tugend, der kritische Geist, der Hang zum Nihilismus, all das mag sich abrupt geändert haben durch das schreckliche Ereignis, das merkwürdigerweise durch die Zahl 911 codiert wird – der Notrufnummer in den Vereinigten Staaten. Ja, seit dem 11. September 2001 ist ein Notstand ausgerufen worden, den Umgang mit Bildern aller Art betreffend, in Religion, Politik, Wissenschaft, Kunst und Kritik – und eine hektische Suche nach den Wurzeln des Fanatismus hat begonnen.

Nihilismus – verstanden als Leugnung der Mittler, als Vergessen der Hand, die am Werk ist im Erwecken transzendentaler Gegenstände, der modernistische Schnitt zwischen dem, was man tut, und dem, was man denkt, daß man tut – konnte als Tugend, als robuste Qualität, als phantastische Quelle für Innovation und Stärke erscheinen, solange wir ihn auf die anderen *im Ernst* anwandten und auf uns nur *symbolisch*. Doch nun, zum ersten Mal, sind es die USA, sind *wir* es, die Abendländer, die mutigen Idolzerstörer, die Freiheitskämpfer, die durch Vernichtung und Fanatismus bedroht sind.

So wie die Drehbuchschreiber in Hollywood die von ihnen ausgeheckten Spezialeffekte für Katastrophenfilme auf einmal unerträglich finden, weil ihre Realität viel zu lebhaft ist und nur deshalb erträglich war, weil sie nicht eintreten konnte, könnte es sein, daß wir das ständige Gerede von Zerstörung, Entlarvung, Kritik, Bloßstellung, Anprangerung letztlich nicht mehr so lustig finden, nicht mehr so produktiv, so *protektiv*.

Wir wußten (ich wußte!), daß wir nie modern gewesen sind, doch nun sind wir es sogar noch weniger: fragil, zerbrechlich, bedroht; das heißt zurück zum Normalzustand, zurück zum besorgten und achtsamen Zustand, in dem die anderen zu leben pflegten, bevor sie durch unsere unerschrockene und ehrgeizige Modernisierung von ihren »absurden Glaubensinhalten befreit« wurden. Plötzlich scheinen wir mit einer neuen Intensität an unseren Idolen, unseren Fetischen, unseren *Faitiches* zu hängen, an den ungewöhnlich zerbrechlichen Wegen, auf denen unsere Hand Objekte hervorbringen kann, die wir nicht beherrschen. Auf unsere Institutionen, unsere öffentliche Sphäre, unsere wissenschaftliche Objektivität, selbst unsere religiösen Formen, auf alles, was wir vorher gerne mit Haß überschütteten, blicken wir nun mit einer etwas erneuerten Sympathie. Weniger Zynismus plötzlich, weniger Ironie. Ein Verehren von Bildern, eine Sehnsucht nach sorgsam angefertigten Mittlern, nach dem, was die Byzantiner »Ökonomie« nannten und was gewöhnlich schlicht Zivilisation hieß.

Ich weiß sehr gut, daß keine Ausstellung, kein Katalog viel vermag, doch wir haben in *Iconoclash* versucht, die Aufmerksamkeit auf die Schwäche und Fragilität der Mittler zu lenken, die uns ermöglichen zu beten, zu wissen, zu wählen, uns des Zusammenlebens zu erfreuen. Nun, Leser und Ausstellungsbesucher, ist es an Euch, selbst zu *sehen*, was ihr schützen und was ihr zerstören wollt.

Ach ja, wie hätte Moses das zweite Gebot aufschreiben sollen, hätte er es nicht mißdeutet? Es ist noch zu früh, das zu wissen, dazu müssen wir erst Ihre Reaktion abwarten, doch ich möchte eine vorsichtigere Lesart vorschlagen: »Du sollst dir kein erstarrtes Bildnis machen!«

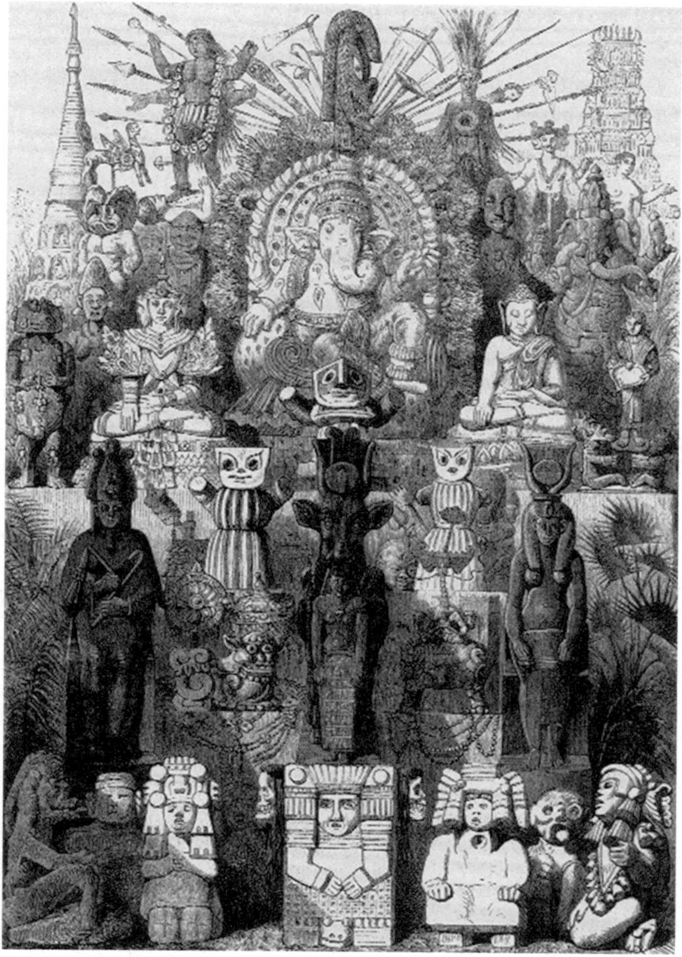

Abb. 10. *M. Kreuzberger, Les Idoles au Champ de Mars. L'Exposition universelle, Paris 1867.*

INTERNATIONALER MERVE DISKURS

61 Foucault, Mikrophysik der Macht
67 Deleuze/Guattari, Rhizom
68 Deleuze/Foucault, Der Faden ist gerissen
69 Lyotard, Das Patchwork der Minderheiten
71 Cixous, Die unendliche Zirkulation des Begehrens
75 Lyotard, Intensitäten
77 Foucault, Dispositive der Macht
79 Baudrillard, Kool Killer oder Der Aufstand der Zeichen
80 Virilio, Fahren, fahren, fahren...
81 Baudrillard, Agonie des Realen
82 Irigaray, Das Geschlecht das nicht eins ist
83 Klossowski/Foucault/Blanchot/Deleuze, Sprachen d. Körpers
84 Deleuze, Ein Nietzsche-Lesebuch
90 Virilio, Geschwindigkeit und Politik
91 Deligny, Floß in den Bergen
94 Cixous, Weiblichkeit in der Schrift
95 Deleuze, Kleine Schriften
99 Godard, Liebe Arbeit Kino
101 W.Müller (Hg.), Geniale Dilletanten
102 Lyotard, Affirmative Ästhetik
104 Heiner Müller, Rotwelsch
105 Bonito Oliva, Im Labyrinth der Kunst
106 Minus Delta t
109 Foreman, Warum ich so gute Stücke schreibe
112 Baudrillard, Laßt Euch nicht verführen!
113 Barthes, Cy Twombly
114 Lotringer, New Yorker Gespräche
116 Virilio/Lotringer, Der reine Krieg
118 Fitzgerald, Der Knacks / Deleuze, Porzellan und Vulkan
121 Foucault, Von der Freundschaft
122 Cage/Charles, Für die Vögel
124 Böhringer, Begriffsfelder. Von der Philosophie zur Kunst
126 Veyne, Aus der Geschichte
128 Kneubühler, Wegsehen
129 Lyotard, Malerei u. Phil. i. Zeitalter ihres Experimentierens
132 Virilio, Ästhetik des Verschwindens
133 Foucault, Vom Licht des Krieges
134 Taubes, Ad Carl Schmitt. Gegenstrebige Fügung

135 Borngräber (Hg.), Berliner Design-Handbuch
136 Blixa Bargeld, Stimme frißt Feuer
138 Borges/Santiago/Casares, Die Anderen (Drehbuch)
139 Deleuze, Spinoza. Praktische Philosophie
140 de Certeau, Kunst des Handelns
141 Seitter, Das politische Wissen im Nibelungenlied
142 Hosokawa, Der Walkman-Effekt
143 Luhmann, Archimedes und wir
145 Ingold, Das Buch im Buch
146 Philosophien der neuen Technologie ars electronica (Hg.)
147 Charles, Zeitspielräume. Performance Musik Ästhetik
148 Deleuze/Foucault/u.a., Pariser Gespräche. Hg. F. Ewald
149 Virilio, Die Sehmaschine
151 Böhringer, Moneten. Von der Kunst zur Philosophie
153 Deleuze, Kants kritische Philosophie
154 Seitter, Versprechen, versagen
155 Acker, Ultra light-last minute-ex+pop-literatur
157 Von d. Bürokratie zur Telekratie. Weibel, Virilio, Flusser u.a.
158 Wiener, Probleme der Künstlichen Intelligenz
159 Platz machen, Hg. A. Brandolini und „steirischer herbst"
160 Prigogine/Stengers/Pahaut/Serres, Anfänge
161 Zizek, Liebe Dein Symptom wie Dich selbst!
162 Ruhm? Eine Le Monde-Umfrage
163 Lotringer, Foreign Agent. Kunst in den Zeiten der Theorie
165 Virilio, „Das irreale Monument". Der Einstein-Turm
166 Deleuze, Woran erkennt man den Strukturalismus?
167 Foucauit, Was ist Kritik?
168 Bonito Oliva, Eingebildete Dialoge
169 Baudrillard, Transparenz des Bosen
170 Deleuze, Proust und die Zeichen
171 Haerle (Hg.), Karten zu „Tausend Plateaus"
172 Schickel, Gespräche mit Carl Schmitt
173 Seitter. Piero della Francesca
174 Glasmeier (Hg.), Periphere Museen
175 Zischler, Tagesreisen
176 Böhringer, Orgel und Container
177 Virilio, Revolutionen der Geschwindigkeit
178 Böhringer, Was ist Philosophie?
179 Seitter, Distante Siegfried-Paraphrasen
180 v. Foerster, KybernEthik

181 Jabès, Der vorbestimmte Weg
182 Deleuze, Bartleby oder die Formel
183 Rosset, Das Prinzip Grausamkeit
184 Baudrillard, Die Illusion des Endes
185 Dirk Baecker, Postheroisches Management
186 Charles, Musketaquid. Cage, Ives u.a.
187 Schliemann, Reise durch China u.Japan 1865
188 Grenier, Über Indien
189 Schmidgen (hg.) , F. Guattari.Ästhetik u. Maschinismus
190 O'Doherty, In der weißen Zelle
191 You can't judge a book by its cover (CD)
192 Jarman, Chroma. Ein Buch der Farben
193 Klugheitslehre: militia contra malicia
194 Jabès/Nono/Cacciari Migranten
195 Guattari/Virilio/u.a. Takamatsu ein Architekt aus Kyoto
196 Gilbert-Rolfe, Das Schäne und Erhabene von heute
197 Foucault, Diskurs und Wahrheit
198 Deleuze, Lust und Begehren
199 Baudrillard/Guillaume, Reise zu einem anderen Stern
200 Gracian, Der Held
201 Garland. Reise zu 100 Tempeln
202 Derrida, Einige Statements
203 Buci-Glucksmann, Der kartographische Blick der Kunst
204 Westbam/Goetz, Mix, Cuts & Scratches
205 Rosset, Die Wahl der Worte
206 Garland, Six American Composers
208 Baecker, Poker im Osten
209 Böhringer, Auf dem Rücken Amerikas
210 Jaspers, Strindberg und van Gogh
211 Kapielski, Davor kommt noch
212 Schmidt, Von Raum zu Raum
213 Jeudy, Stadterfahrungen
214 Agamben, Bartleby oder die Kontingenz
215 Kapielski, Danach war schon
216 Onfray, Die Formen der Zeit
218 Foucault, Die Malerei von Manet
219 Jullien, Über das Fade. Eine Eloge
220 Qrt , Schlachtfelder der elektronischen Wüste
221 Virilio/Kittler/Hagen u.a., Mehr Licht
222 Qrt, Tekknologic,Tekknowledge,Tekgnosis
223 Stingelin, Das Netzwerk von Gilles Deleuze